명문동양문고 35

孫子
손자 (上)

김학주 譯

明文堂

범례凡例 ─────────────────────────────

1. 이 주역註譯의 텍스트는 일본의 「고본손자古本孫子」를 사용하였다. 「고본손자」는 일본 제미관장관濟美館藏版으로서 일반적으로 유행되고 있는 여러 가지 판본보다 내용이 본래의 모습에 가깝다고 여겨지기 때문이다.
2. 번역은 원문의 어순語順을 살리면서도 쉬운 현대말이 되도록 힘쓴다는 원칙 아래 씌어졌다.
3. 「손자」는 특히 일반성을 띤 고전이라서 주석이나 해설도 평이함을 위주로 하였다.

목차

| 서문 |
        1.「손자孫子」의 중요성 4
        2. 손자孫子의 작자에 대하여 11
        3.「손자孫子」의 전승傳承 23
        4. 손자孫子의 사상思想 29
        5. 우리의 일상생활과《손자》 40

| 제1권 | 1. 계편計篇 44

| 제2권 | 2. 전편戰篇 76

| 제3권 | 3 공편攻篇 102

| 제4권 | 4. 형편形篇 134

| 제5권 | 5. 세편勢篇 162

| 제6권 | 6. 허실편虛實篇 196

+ 서문 +

1.「손자(孫子)」의 중요성

중국에는 옛날부터 전쟁이 잦았으므로 일찍부터 전쟁은 세상의 치란(治亂)에 관심을 둔 많은 학자들의 관심을 끌어 왔다. 그것은 전쟁이 한 국가의 존망(存亡)을 좌우하는 나라의 중대사(重大事)인 동시에 막대한 경제적인 낭비와 무한한 파괴와 수없는 인명의 희생을 수반(隨伴)하는 것이기 때문이다. 따라서 어떻게 하면 전쟁을 피할 수 있느냐 하는 문제로부터 시작하여 어떻게 하면 적군을 간단히 쳐부술 수 있느냐, 또는 어떻게 하면 적은 병력을 가지고 강한 적과 싸워 이길 수 있느냐 하는 문제는 지혜 있는 사람들의 연구대상이 되었던 것이다. 그 결과 중국의 전국시대(戰國時代)에는 세상을 바로잡아보려는 경륜을 지녔던 제자백가(諸子百家)들

속에 「병가(兵家)」라는 한 유파(流派)가 생겨나기에 이르렀던 것이다.

반고(班固, 32-92)가 지은 《한서(漢書)》 예문지(藝文志)를 보면 한(漢)나라 시대까지 전해지고 있던 천하의 책들을 모두 모아 크게 여섯 가지[六略]로 분류하고 책의 이름과 그에 대한 설명을 하고 있는데, 육예략(六藝略)·제자략(諸子略)·시부략(詩賦略)에 이어 병서략(兵書略)이 들어있다. 한나라 시대에도 병서(兵書)가 얼마나 중시되고 있었는가 이를 통해서도 짐작이 갈만하다. 그리고 그 책의 병서략을 보면 이들 병가(兵家)를 다시 '병권모(兵權謀) 13가(家)'·'병형세(兵形勢) 11가'·'음양(陰陽) 16가'·'병기교(技巧) 13가'로 나누어, '도합 병서(兵書) 53가 790편'을 수록하고 있다.

《한서》의 저자인 반고의 설명에 의하면, 첫째 〈권모〉란 올바름으로 나라를 지키고 기책(奇策)으로 용병(用兵)을 하며, 먼저 계책을 세운 다음에 전쟁을 하는 것이다. 따라서 〈형세〉의 수법도 겸하고 〈음양〉의 방법도 응용하며 〈기고〉의 수법도 사용하는 것이다. 둘째 〈형세〉란 벼락치듯 움직이고 바람 불듯 달리게 하면서, 후퇴도 하고 전진도 하며 모였다 합쳐졌다 하기도 하고 등졌다 돌아섰다 하기도 하는 변화무쌍한 방법을 쓰며 가볍고 빠른 기동력으로써 적을 제압하는 것이다.

셋째〈음양〉이란 하늘의 때를 따르고 자연의 변화를 따라 적을 대하고 공격하여 승리를 거두며 귀신의 힘을 빌고 도움을 받는 것이다. 넷째〈기교〉란 손발 놀림을 익히고 기기(器機)를 잘 사용하며 여러 가지 군사 시설들을 잘함으로써 적을 공격하거나 적의 공격을 막아내어 승리를 거두는 것이다.

지금 우리에게 전해지는《손자》13편은《한서》예문지의〈병권모〉13가 259편의 첫머리에 들고 있는《오손자병법(吳孫子兵法)》82편에서 유래된 것으로 믿어지고 있다.《한서》에서 병가의 첫머리에 이《손자》를 들고 있는 것은 그것이 병서 중에서도 가장 대표적인 것이라 생각되었기 때문일 것이다. 후세로 오면서 한(漢)나라 때에는 53가 790편이나 되던 병서들이 차츰 정리되어, 송(宋)나라에 와서는《무경칠서(武經七書)》라 하여 병서의 대표작으로 널리 알려지게 되었다. 이《무경찰서》란《손자》3권 13편을 비롯하여,《오자(吳子)》2권 6편·《사마법(司馬法)》3권 5편·《위료자(尉繚子)》5권 24편·《육도(六韜)》6권 60편·《황석공삼략(黃石公三略,《三略》이라 흔히 약칭함)》3권·《당태종이위공문대(唐太宗李衛公問對,《李衛公問對》라고도 함)》3권 등이다.

「오자」는 전국시대에 초(楚)나라 장수로서 이름을 떨친 장수 오기(吳起)의 저서이다. 그는「전쟁이란 부득이할 때에만

해야지 전쟁을 좋아해서는 안된다.」는 기본 주장 아래 병법을 쓰고 있다. 「사마법(司馬法)」은 제(齊)나라 경공(景公)을 섬기어 많은 공을 세운 사마양저(司馬穰苴)가 지은 것이라 전하는데, 「인(仁)」을 바탕으로 한 전쟁윤리를 찾아보려 많은 애를 썼던 것 같다.

「위료자」는 전국시대 주(周)나라 위료(尉繚)가 지었다 하나, 지금 전하는 「위료자」는 후세인의 위작(僞作)이란 설이 강하다. 어떻든 지금 전하는 「위료자」에도 독특한 권모(權謀)가 실려 있다.

「육도」는 주(周)나라 여상(呂尙)이 지은 것이라 하는데, 지금 전하는 책은 후세의 위작임이 틀림없다.

「삼략」도 한(漢)나라 고조(高祖)의 명신(名臣)인 장량(張良)이 그의 스승 황석공(黃石公)으로부터 물려받은 것이라 하나, 지금 전하는 것은 후세의 위작일 것이다. 끝으로 「이위공문대」는 당(唐)나라 이정(李靖)이 당나라 태종(太宗)과 문답(問答)한 병서인데, 그 내용이나 얘기하고 있는 권모술수(權謀術數)가 무척 재미있다. 이처럼 후세엔 「무경칠서」가 세상에 널리 유행하였으나, 그래도 그 대표적인 병서는 「손자」였다.

손자는 「전쟁이란 국가의 대사(大事)요, 나라가 존속하고 멸망하는 갈림길이니 잘 살피지 않으면 안된다.」고 허두를 시작하면서 여러 가지 전쟁의 권모(權謀)를 논하고 있다.

그렇지만,

「백 번 싸워서 백 번 다 이기는 것은 전쟁을 잘하는 자 중에서도 잘하는 자가 못된다. 싸우지 않고도 적의 군대를 굴복시키는 것이 전쟁을 잘하는 자 중에서도 가장 잘하는 자이다.」(謀攻)

라는 기본정신을 바탕으로 하고 있다. 이것은 중국의 전통적인 전쟁관이라고도 말할 수 있을 것이다. 「武(무)」라는 글자를 풀어보면, 「戈(과: 창의 뜻으로서 전쟁을 상징한다.)를 止(지: 멎게 한다.)한다」는 뜻의 글자들이 모여 된 이른바 회의문자(會意文字)이다. 군대나 무력이란 적을 공격하여 전쟁을 도발하는데 의의가 있는 것이 아니라 인류를 불행으로 몰아 넣는 전쟁을 방지하는 데 의의가 있다는 것이다.

그래서 「오자」에서도 「전쟁은 부득이할 때에만 해야 된다.」고 주장한 것이다. 병가(兵家)들이라 해서 모두가 호전가(好戰家)는 아닌 것이다.

그러나 여러 사람들이나 나라들이 접촉하다 보면 이해관계가 서로 어긋나는 경우가 생기고, 이해관계가 서로 어긋나다 보면 서로 양보하지 않고 전쟁으로 발전케 되는 경우가 허다하다. 세계 평화를 이룩할 진짜 성인(聖人)이 출현하지 않는 이상 전쟁은 피할 수 없는 것인지도 모른다. 그렇다면 어느 나라건 전쟁을 좋아해서도 안되지만 전쟁을 소홀히 생각해서도 안된다. 그래서 손자는 전쟁은 되도록이면 짧은 시일 안에 어떤 방법을 써서라도 간단히 적은 희생으로 승리로 끝맺어야 한다고 생각하였다. 따라서 자기 힘을 가지고 운동시합을 하듯 정정당당히 적과 마주 싸운다는 것은 어리석은 자나 할 일이라는 것이다. 그런 식으로 싸우다 보면 적과 똑같이 우리 편도 많은 인명의 피해와 재물의 손실을 보아야 한다. 그것은 더욱 비정(非情)하고 참혹(慘酷)한 파괴적인 전쟁을 뜻할 따름이다. 그래서 손자는 전쟁을 신속하게 끝맺을 수 있는 방법으로서 권모(權謀)를 위주로 하는 병법을 연구하여 논하게 된 것이다.

손자는「전쟁이란 상대방을 속이는 방도인 것이다.」고 요점을 잘라 말하고 있다.

따라서 손자는 처음부터 끝까지 적을 속히 쳐부술 수 있는 계략을 논한다. 손자가 얘기한 병법은 대부분이 현대전쟁에도 적용되는 고전적인 가치를 지닌 내용이다. 그래서 현대에 이르기까지도 동서양을 막론하고 수많은 전술가(戰術家)들이 손자의 병법을 연구하게 된 것이다.

그러면 손자는 전술가들만이 읽고 연구할 성격의 책인가? 사실은 전쟁과는 거리가 먼 직업을 가진 사람이라 하더라도 모든 지성인(知性人)이 한 번은 읽고 음미(吟味)해야만 될 책인 것이다. 먼저 우리는 손자의 병법을 통해서 비정한 전쟁을 피하려는 기본정신을 배워서 지금도 인류의 최대 위협이 되고 있는 전쟁을 없앨 길을 모색해야 할 것이다. 과학문명의 발달과 함께 전쟁수단은 날로 발전하여 지금은 전쟁의 파괴력이 가공(可恐)할 단계에까지 이른 것이다. 이제는 전쟁이 한 나라나 한 민족의 멸망이 아니라 전인류의 존망(存亡)을 좌우할 단계에 이른 것이다. 이처럼 가공할 파괴력을 지닌 전쟁은, 지금은 평화시라 하더라도 인류의 생존 자체를 늘 위협하고 있는 존재가 되었다. 세계 각국은 인류의 복지(福祉)에 반하는 이러한 전쟁에 대비하기 위하여 얼마나 많은 경비와 노력을 허비하고 있는지도 모른다. 따라서 지금 이 시점(時點)에서는 전쟁은 인류를 불행하게 만드는 가공할 존재이므로 전쟁을 없애는 길만이 인류의 복지와 세계평화를 이룩하는 길이라는 인식을 모든 지성인이 지녀야만 할 것이다.

또 시야(視野)를 좁혀 사람들이 사는 사회를 보면 이해관계로 인한 개인적인 충돌로 시작해서 어떤 집단과 집단 또는 어떤 지역과 지역 간의 경쟁이 끊이지 않고 있다. 곧 인간사회란 생존경쟁이 치열한 것이다. 이러한 사회의 경쟁이란 바로 작은 규모의 전쟁이라 풀이할 수도 있을 것이다. 따라서 손자가 해설하는 전쟁에 대처하는 방법은 바로 이러한 개인이나 단체의 생존경쟁에도 적용될 수 있는 원리인 것이다. 따라서 손자를 읽고 잘 음미한다면, 어떤 책을 읽는 것보다도 효과적인 인생의 처세술(處世術)을 터득하게 될 것이다. 이러한 이유 때문에 손자는 고전(古典)으로서 현대 우리 생활 속에 살아있는 것이다.

2. 손자(孫子)의 작자에 대하여

보통 《손자》의 작자는 춘추(春秋)시대 오(吳)나라의 장군이었던 손무(孫武)라고 알려져 있다. 《수서(隋書)》 경적지(經籍志)에 손무(孫武)가 지었다는 《손자》 13편이 실려 있고, 또 그 책만이 세상에 전해졌기때문이다. 그러나 한(漢)나라의 사마천(司馬遷, B.C. 145~B.C. 86?)이 쓴 《사기(史記)》의 손자오기열전(孫子吳起列傳)을 보면 손무(孫武)와 손빈(孫) 두 사람의 '손자'에 대한 전기가 실려 있고, 《한서》 예문지(藝文志)를 보면 '《오손자병법(孫子兵法)》 82편(篇), 《도(圖)》 9권'과 '《제손자(齊孫子)》 89편, 《도(圖)》 4권'의 두 종류의 《손자》 책이 실려 있다.

그리고 현재의 《손자》는 13편의 것 한 종류밖에 없기 때문에, 지금의 《손자》와 《사기》 열전에 실려 있는 두 사람의 손자 및 《한서》 예문지에 보이는 두 가지 《손자》와의 관계에 대하여는 옛부터 학자들의 의견이 매우 분분하였다. 그러나 근년에 두 종류의 《손자》의 죽간(竹簡)이 출토(出土)됨으로서, 이에 관한 여러 가지 의론에 많은 결착이 난셈이다.

결론부터 말하면, 1972년 중국의 한묘(漢墓)에서 많은 양의 병서(兵書)에 관한 죽간이 발견되어 학자들이 그것을 연구한 결과, 그 속에는 《손자》라고 생각되는 것들이 많이 들어있었다. 그리고 그 《손자》는 다시 두 종류의 것들로 구분되었는데, 하나는 종래의 《손자》와 같은 글귀의 것들이고, 다른 하나는 손빈(孫臏)의 것이라 판단되었다. 그리하여 앞의 것은 《손자병법(孫子兵法)》, 뒤의 것은 《손빈병법(孫臏兵法)》이라 부르고 있는데, 지금까지 발표된 자료(《文物》第 2·3·12期, 1974; 《人民畫報》 1974, 9; 單行本 《孫臏兵法》)을 종합하면 《손자병법》의 죽간은 228편(片), 약 2,300자로, 양으로는 13편 전문의 3분의 1을 넘는 분량이고, 그 글은 13

편 전편에 걸친 것들이며, 〈작전(作戰)〉, 〈형(形)〉, 〈세(勢)〉, 〈실허(實虛)〉 등의 편명(〈實虛〉는 지금의 책에서는 〈虛實〉)이 보이고 있어, 대체로 지금의 《손자》와 같은 내용이라 한다. 따라서 대체로 지금 우리가 읽는 《손자》의 저자는 손무(孫武)라 보아 크게 틀림은 없을 듯하다.

참고로 《손빈병법》의 죽간은 440여 편, 11,000여 자로, 1975년에 석문(釋文)과 주(注)를 붙여 정리하여 단행본으로 간행되었다. 그리고 이 죽간이 출토된 한묘(漢墓)는 대략 한(漢) 무제(武帝, B.C. 140~B.C. 87 재위)의 초년이며, 그 죽간들이 쓰여진 시기는 늦어도 문제(文帝, B.C. 179~B.C. 157 재위) 즉위 이전이고, 빠르면 진(秦)나라와 항우(項羽)의 초(楚)나라가 교체되던 시기(B.C. 209~B.C. 203)일 가능성 조차도 있다 한다.

사마천(司馬遷)의 《사기(史記)》 손자오기열전(孫子吳起列傳)에는, 손무(孫武)란 인물에 관하여 대략 다음과 같은 전기(傳記)가 실려 있다. 이 이상 자세한 그의 생애에 대한 기록은 전하여지지 않는다.

손자는 이름이 무(武)이며, 지금의 산동성(山東省)에 해당하는 제(齊)나라 사람이다. 그는 병법을 연구해가지고 오(吳)나라 임금 합려(闔廬)를 찾아가 뵈었다.

손자를 만나자, 오나라 합려는 말하였다.

「나는 선생의 병서 13편(篇)을 다 읽어 보았소. 그 병법에 의하여 시험삼아 군대를 실제로 좀 움직여 보여주겠소?」

손자는 즉시「좋습니다.」하고 대답했다.

그러자 합려는 또다시 제의하였다.

「부인들을 군사로 삼아서 시험해 보여 줄 수 있겠소?」

손자는 다시「좋습니다.」하고, 그 제의를 수락하였다. 이에 오나라 임금은 궁중에 있는 미녀 180명을 궁전 뜰에 집합시켰다. 손자는 이들을 두 부대로 나눈 다음, 임금이 총애하는 여자 두 사람을 뽑아 각 부대의 대장으로 삼고 이들로 하여금 두 부대를 지휘하도록 하였다.

그런 다음 손자는 미녀들에게 물었다.

「당신들은 가슴과 왼편과 오른편 손과 등을 알고 있지요?」

「네, 알고 있습니다.」

「그러면 내 지시를 잘 들으시오. 앞쪽이라 말하거든 가슴이 있는 앞쪽을 보시오. 왼편이라 말하거든 고개를 돌려 왼손 쪽을 보시오. 오른편이라 말하거든 고개를 돌려 오른손 쪽을 보시오. 뒤쪽이라 말하거든 몸을 돌려 뒤쪽을 보시오.」

「알았습니다.」

이러한 약속을 한 다음에 손자는 형벌을 가하는 기구와

부하를 처형하는 도끼를 내놓고 호령을 여러 번 되풀이하였다. 손자가 북을 치면서 오른편이라 호령하자, 장난기가 많은 부인들은 크게 웃음만을 터뜨렸다.

그러자 손자가 언명하였다.

「약속한 호령대로 움직이지 않는 것은 부대장의 죄이니 주의하시오.」

다시 손자는 북을 치면서 왼편이라 호령하였다. 그러나 부인들은 또다시 크게 웃음만을 터뜨렸다.

「약속한 호령대로 움직이지 않는 것은 부대장의 죄라고 이미 언명하였소. 그런데도 법대로 처벌하지 않는 것은 형리(刑吏)의 죄가 되오.」

그리고는 손자는 도끼를 들고 양편 부대장의 머리를 치려 하였다. 오나라 임금은 누대(樓臺)에서 보고 있다가 사랑하는 여자들의 목이 잘리려는 것을 보고는 크게 놀라서 급히 옆의 신하로 하여금 달려가 말하게 하였다.

「나는 이미 장군께서 용병을 잘하신다는 것을 알고 있소. 나는 이들 두 여자가 없다면 맛있는 음식을 먹어도 맛있는 줄을 모를 것이오. 제발 이들의 목만은 치지 말아주시오.」

그러나 손자의 대답은 단호하기만 하였다.

「저는 이미 임금의 명령을 받아 장수가 되어 있습니다. 장수는 군대의 통솔에 있어서 임금의 명령이라 하더라도 불리할 경우에는 받아들이지 않을 수가 있습니다.」

그리고는 마침내 임금이 사랑하는 두 부대장의 목을 친 다음, 다시 대열을 정비하고는 그 다음 사람 두 사람을 뽑아 부대장으로 삼았다. 그런 다음 다시 북을 치면서 호령을 부르자, 부인들은 전후좌우로 재빠르고 정연하게 명령하는 대로 움직이며 잡소리 한 마디 내지 못하였다.

이렇게 되자 손자는 사람을 보내어 임금님께 아뢰었다.

「군사들은 이미 정제히 움직일 수 있도록 조련되었습니다. 임금님께서 내려오셔서 시험해 보아주십시오. 불속으로 뛰어들거나 물속으로 가라 거나 이제는 마음대로 될 것입니다.」

그러자 오나라 임금이 말하였다.

「장군, 이제 그만두고 숙소로 돌아가 쉬시오. 나는 내려가 보고 싶은 생각이 없소.」

손자가 이에 말하였다.

「임금님께서는 쓸데 없는 이론은 좋아하시면서도 실천은 하시지 않으려 하십니다.」

이런 일이 있은 다음, 합려는 손자가 용병을 잘한다는 사실을 인정하고 마침내 오나라 장수로 임명하였다.

손자가 자기의 사랑하는 미인들을 둘씩이나 죽여버렸는데도 불구하고 오나라 임금 합려가 손자를 자기 나라의 장수로 임명한 것은 그만큼 나라 형편이 절박하였기 때문이었다. 그때 오나라는 남쪽, 서쪽, 북쪽의 삼면으로 모두 강한 나라들과 경계를 마주 대고 있어서 나라를 지탱하기 위하여는 강한 군사들과 훌륭한 장수들이 필요하였다. 오나라 임금은 손자가 내심 괘씸하면서도 자기 애인들을 죽인 죄를 묻지 않고 이를 악물고 장수로 임명했을 것이다.

  장군이 된 손자는 곧 군사를 일으키어 서쪽의 강대한 초(楚)나라를 쳐부수고 그 나라 수도인 영(郢)을 함락시켰다. 그리고는 다시 북쪽으로 출정하여 강한 제(齊)나라와 진(晉)나라 군사들을 깨침으로써 이들에게 압박을 가하여 오나라의 명성을 천하에 떨치게 하였다. 이것은 모두가 뛰어난 손자의 용병 덕분이었다. 그리고는 얼마 안 있다가 손무는 죽었다. 그로부터 100여 년 뒤에 다시 그의 자손으로서 병법에 뛰어난 손빈(孫臏)이 세상에 나왔다. 그래서 뒤이어 손빈의 전기가 계속된다.

  이상이 「사기」 열전에 보이는 손자의 전기이다. 그러나 대표적인 병가서인 「손자」 13편의 저자라는 점에서 보다 혁혁한 공을 세운 오나라 장수였다는 점에서 보다 상세한 그의 생애는 잘 알려지지 않고 있는 것 같다. 그리고 그나마 「사기」의 손자 전기의 내용도 그가 궁녀들을 군사 삼아 군사들을 조련하는 한 토막의 얘기뿐이어서 전기라고 부르기 조차도 어색할 지경이다.

그래서 어떤 학자들은 「사기」에 실린 전기 내용을 의심하면서 「손자」 13편을 쓴 손무라는 사람은 「사기」 열전의 손무와는 다른 사람일 거라고 주장한 학자도 있었다. 그러나 「사기」의 전기 내용이 너무 간단하다거나 그 기록이 전기 같지 않다고 해서 인물 자체까지도 의심한다는 것은 근거가 박약하게 느껴진다. 오히려 사마천이 그 당시 전해지고 있던 손무에 관한 확실한 기록만을 가지고 전기를 썼다는 것은 대사가(大史家)로서의 양심의 표현이라 보는 편이 좋을 것이다.

「사기」에 전하는 손자에 관한 얘기는, 그의 생애에 있었던 사건 중에서도 가장 극적(劇的)인 것이었을 것이다. 손자는 멋대로 놀아나기만 하는 궁녀들을 통솔함에 있어서 임금이 가장 사랑하던 두 미인을 처형함으로써 기율을 바로잡았다. 그것은 바로 군통솔의 모범을 보인 것이다. 군대를 거느림에 있어서는 군율이 엄격해야 하며, 사사로운 친분관계가 개재(介在)되어서는 안된다. 만약 장수가 군율을 엄히 하고 친분에 관계없이 위반자를 처단하기만 하면 아무리 엉성한 군대라 하더라도 틀림없이 잘 다스려진다는 것이다. 멋대로 놀아나던 궁녀들을 호령이 내리기만 하면 물이나 불속에라도 뛰어들도록 만드는 손자의 솜씨를 보자, 오나라 임금은 자기 애인들을 죽여버린 소행이 괘씸하기도 하였겠지만 나라를 위하여 개인감정을 죽이고 손자를 장수로 임명하였던 것이다. 시험삼아 궁녀들을 통솔해 보는 데 있어서 손자가 임금의 애인 둘을 죽여버렸다는 것은 그의 무서운 결단성과 신념을 증명한다.

오(吳)나라가 초(楚)나라를 쳐부순 얘기는 「좌전(左傳)」에도 보이지만 거기엔 손자의 이름이 보이지 않는다. 「좌전」 정공(定公) 4년의 기록을 보면, 오나라 임금이 초나라를 쳐서 그 도읍인 영(郢)을 함락시켰다 하였다. 그리고 이때의 오나라의 장수는 합려의 아우인 부개(夫槩)로 되어 있다.

그래서 어떤 학자들은 「사기」에 보이는 손자의 전기를 의심한다.

그러나 이때 손자는 부개 밑의 낮은 장수였거나 참모(參謀)로서 작전 계획의 수립 같은 데나 참여했었을 가능성도 많다. 아무리 나라의 사태가 위급하기로서니 궁녀들을 다루는 솜씨 하나만 보고서 나라의 최고사령관에 임명하지는 않앉을 것이다. 그래서 「좌전」에서는 최고 지휘자였던 부개의 이름만을 적고 있을 가능성도 많다.

「사기」의 오태백세가(吳太伯世家)를 보면, 오나라 임금 합려가 초나라를 치러 할 때, 손무는 같은 모장(謀將)인 오자서(伍子胥)와 함께 입을 모아 초나라를 칠 것을 주장하였다. 지금 초나라의 장수인 자상(子常)은 탐욕한 인간이어서 당(唐)나라와 채(蔡)나라가 모두 이들에게 원한을 품고 있다. 그러므로 지금 오나라가 군사를 일으킨다면, 당나라와 채나라를 모두 이편으로 끌어들일 수 있을 것이니 유리하기 짝이 없다는 게 그 이유이다. 이에 오나라 임금 합려는 오자서와 손자 두 사람의 말을 따라 당나라와 채나라를 자기편으로 끌어들인 다음 함께 초나라를 치게 되었다. 오나라와 당나라, 채나라의 연합군은 초나라로 진격하여 한수(漢水)를 끼고서 초나라 군사들과 대치하게 되었다. 오나라 연합군의 지휘자였던 부개는, 곧 초나라 군사들을 공격하려 하였으나 오나라 임금 합려가 진격을 허락하지 않았다. 합려가 연합군의 진격을 허락하지 않은 이유는 분명치 않다. 그러나 아우인 부개는 임금인 형이 이미 자기에게 군대의 통솔권을 맡긴 이상 꼭 임금의 지시만을 따를 필요는 없다. 용병은 유리한 기회를 잃지 말아야 하는 법이니, 어찌 형의 진격 명령만 기다리고 있다가 좋은 기회를 놓칠 수가 있겠느냐고 말하면서 진격을 결심하였다. 부개는 장수로서의 책임을 지고 그의 부하 중에서 오천(五千)의 정예(精銳)를 뽑아 한수를 건너가 초나라 군사들을 습격하게 하였다. 그 결과 초나라 군사들은 크게 패하여 오나라 연합군은 그 기세를 몰아 오전오승(五戰五勝)하면서 초나라 수도 영(郢)으로 육박하였다. 그러자 초나라 소왕(昭王)은 영(郢)을 버리고 운(鄖)나라로 도망쳤다. 그러나 운공(鄖公)의 아우가 소왕을 죽이려 했으므로 소왕도 다시 수(隋)나라로 망명하였다. 그래서 오나라 군사들은 영(郢)을 함락시키고 말았다.

여기에서 주목을 끄는 것은 임금의 명령을 거스르며 기회를 잃지 않고 진격하여 승리를 거둔 장수 부개의 행동이다. 이것은 바로 손자의 병법이나 손자가 오나라로 와서 궁녀들을 지휘할 때 보여준 본보기와 통하는 것이기 때문이다. 이때 손자는 낮은 장수나 참모로서 부개의 휘하에 있으면서 부개로 하여금 그러한 결단을 내리도록 충고하였는지도 모른다. 손자가 오나라의 장수로 활약하고 있었던 게 사실이라면, 그것은 손자의 만년의 일일 것이다. 오나라가 초나라의 도읍 영을 함락시킨 게 합려 9년의 일이며, 그 다음 해인 10년 봄에는 합려는 영에 와있었다. 이때 월(越)나라는 오나라 본국의 수비가 소홀한 틈을 타서 오나라로 침입하였고, 오나라 임금이 당황하는 사이에 초나라 소왕(昭王)은 진(秦)나라에 구원을 청하여 또다시 진나라 군사들이 오나라로 쳐들어왔다. 오나라는 월나라와 진나라의 두 강적을 대적하게 되었으나 오나라 임금은 초나라에 머물러 본국으로 돌아가려 하지 않았다. 이에 합려의 아우 부개는 본국으로 돌아가 형을 배반하여 스스로 왕이 되었다. 그것을 안 합려는 군사를 거느리고 오나라로 돌아가 부개를 쳐부수어, 부개는 초나라로 도망하였다. 그런 틈에 겨우 초나라로 되돌아온 소왕은 부개를 받아들여 당계(堂谿)에 봉해주었다.

오나라에 이러한 내분(內紛)이 있었던 시기에 손자는 이미 오나라에 없었던 것 같다. 오나라 임금이 외국에 가서 오래 머물러 있거나 아우가 반란을 일으키는 것은 손자의 병법에 위배되기 때문이다. 혹은 오나라가 초나라를 쳐부순 뒤에 손자는 바로 죽었는지도 모른다. 이 시기는 서력 기원전 506년인데, 이때 손자의 나이가 몇 살쯤 되었는지는 알 길이 없다. 대체로 중국의 춘추시대(春秋時代) 중엽에 생존했던 사람이라 생각하면 틀림이 없을 것이다.

3. 「손자(孫子)」의 전승(傳承)

지금 우리가 보는 「손자」는 계편〔計篇, 또는 시계편(始計篇)〕에서 시작하여 용간편(用間篇)으로 끝나는 13편으로 이루어져 있다.

「사기」의 손자오기열전(孫子吳起列傳)에도 「손자」 13편이라 하였으나 편목이나 내용도 지금의 「손자」와 같은 것이었는지 알 길이 없다. 그러나 「한서(漢書)」 예문지(藝文志)를 보면 「오손자병법(吳孫子兵法)」 82편을 병권모(兵權謀) 13가(家) 259편의 첫머리에 적고 있다. 안사고(顏師古)는 이 책이 오나라 합려의 장수 노릇을 했던 손무의 책이라 주(註)를 달고 있다. 그러나 「수서(隋書)」 경적지(經籍志)에는 「손자병법(孫子兵法)」 1권, 「손자병법」 2권, 「손무병경(孫武兵經)」 2권, 「오손자빈팔진도(吳孫子牝八陣圖)」 2권, 「속손자병법(續孫子兵法)」 2권, 「손자병법잡점(孫子兵法雜占)」 4권이 수록되어 있고, 「구당서(舊唐書)」 경적지에는 「손자병법」 13권을 수록하고 저자는 손무이며 위(魏)나라 무제(武帝)가 주를 달았다고 설명이 붙어 있다.

다시 「신당서(新唐書)」에는 또 오손자삼십이루경(吳孫子三十二壘經)」 1권이 있다. 그런데 「태평어람(太平御覽)」이나 「주관경(周官經)」같은데 인용된 「손자」의 말들을 보면, 지금 우리가 보는 「손자」속에는 들어있지 않거나 또 어구가 약간 다른 것들도 있다. 그리고 「한서」예문지에는, 다시 「제손자(齊孫子)」89편이 기록되어 있는데, 안사고(顏師古)는 이것은 손빈(孫賓)이 지은 책이라고 설명하고 있다.

「사기」의 손자오기열전(孫子吳起列傳)에 의하면, 손빈은 손무가 죽은 뒤 100여 년 뒤의 사람으로서 손무의 자손이라 한다. 그는 친구인 방견(龐涓)과 함께 병법을 배웠다. 방견은 일찍이 위(魏)나라 혜왕(惠王)을 섬기어 장수가 되었으나 손빈이 자기보다 병법에 뛰어남을 언제나 시기하고 있었다. 이에 방견은 손빈을 혜왕에게 추천하여 벼슬을 하게 한 다음 몰래 그를 모함하여 죄를 씌워 두 다리를 잘리우고 얼굴에 먹물을 새기는 형벌 즉 묵형(墨刑)을 당하게 하였다. 그러나 손빈은 뒤에 제(齊)나라 사신에게 발견되어 사신은 그를 수레에 태워 제나라로 데려갔다. 제나라로 간 손빈은 제나라 위왕(威王)과 장수인 전기(田忌)에게 인정을 받아 신임이 두터웠다. 뒤에 위(魏)나라가 조(趙)나라와 함께 한(韓)나라를 공격했을 때 제나라는 한나라를 도와주었다. 이때 제나라 장수 전기는 위나라의 대량(大梁)을 침공하였다. 그러자 한나라로 침입했던 위나라 장수 방견은 급히 군사를 돌려 위나라 도읍인 대량으로 돌아가려 하였다. 그러나 마릉(馬陵)이란 고장의 좁은 길이기에 방건은 손빈의 계략에 걸려 협공(夾攻)을 당하는 바람에 크게 패하여 스스로 자결하고 말았다. 이로부터 병가로서의 손빈의 이름이 천하에 떨쳤다.

이러한 손빈이 「제손자」 89편을 지었다는 것이다.

그러나 「전국책(戰國策)」에 인용된 손빈의 병서의 글이 지금 우리가 보는 「오손자」 13편에 있는 글의 내용과 비슷한 게 있고, 또 「여씨춘추(呂氏春秋)」에 보이는 손빈의 병법이 지금 「손자」의 세편(勢篇)의 글귀와 비슷한 게 있다. 그래서 지금 우리가 보는 「손자」는 손빈이 지은 「제손자(齊孫子)」 89편으로부터 나온 것이 아니냐고 의심하는 학자들도 있다. 그러나 손빈이 손무의 자손이고 손빈의 병법이 손무의 병법을 바탕으로 했을 것을 생각할 때, 손빈의 병법 중에는 당연히 손무의 지금 우리에게 전해진 병법과 내용이 비슷한 게 많았을 것이다.

어떻든 「오손자병법」 82편이나 「제손자병법」 89편은 모두가 이미 손무나 손빈이 직접 지은 책과는 모양이 많이 달라진 것이라고 생각된다. 한(漢)나라 초기에 사마천은 「사기」에서 「손자」 18편이라 말하고 있으니, 후한(後漢)의 반고(班

固)가 「한서」를 지을 적에는 누군가가 다시 그것을 개편하여 82편으로 만들었던 것 같다. 또 진(秦)나라 시황제(始皇帝)가 분서(焚書)를 할 때 틀림없이 세상을 어지럽힐 병법에 관한 책은 철저히 태워버렸을 것이다. 그 뒤 한나라에 들어와 「손자」가 다시 발견되고 정리되었을 것이니, 「오손자」나 「제손자」나 모두 본인들이 지은 책과는 약간의 차이가 있었으리라고 생각되는 것이다.

지금 우리가 보는 「손자」는 아무래도 위(魏)나라 무제(武帝)인 조조(曹操)에 의하여 2권 13편으로 정리되고 그에 의하여 주석이 붙여진 듯하다. 그는 「손자」를 정리할 때 「오손자」 82편과 「제손자」 89편을 아울러 참작하면서 정리한 듯하다. 따라서 「사기」에서 말한 13편과 조조의 「손자」 13편은 편수는 같지만 내용은 같지 않았을 것이다. 그는 「손자병법」을 옛날 모습대로 복구시키려는 뜻에서 편수를 다시 13편으로 고쳤을 것이다.

그러나 조조는 그 자신이 문무(文武)를 아울러 갖춘 지략(智略)에 뛰어난 사람이었으므로, 그의 이 작업은 성공적이었던 것 같다. 그 뒤로는 조조가 정리한 「손자」 13편에 눌리어 「오손자」 82편이나 「제손자」 89편의 책은 모두 없어져버렸다. 「수서(隋書)」 경적지(經籍志)를 보면, 위나라 조조주

(曹操注)「손자병법」2권과 위나라 무왕능집해(武王淩集解)의 「손자병법」1권, 장자상주(張子尙注)「손무병경(孫武兵經)」2권, 위나라 태위(太尉) 가후(賈詡)의「초손자병법(鈔孫子兵法)」1권, 양(梁)나라의「손자병법」2권, 오(吳)나라 처사(處士) 심우(沈友)가 지은「손자병법」1권 등이 보일 따름인 것이다.

「신당서(新唐書)」예문지(藝文志)에도「위무주손자(魏武注孫子)」3권,「맹자해손자(孟子解孫子)」2권,「심우주손자(沈友注孫子)」3권,「손자삼십이루경(孫子三十二壘經)」1권,「이전주손자(李筌注孫子)」2권,「두목주손자(杜牧注孫子)」3권,「진호주손자(陳皞注孫子)」1권,「가림주손자(賈林注孫子)」1권이 수록되어 있다. 따라서 수당(隋唐)시대에 이르러서는 각각 80여 편의「오손자」나「제손자」는 완전히 전하지 않게 되었음을 알 것이다.

이러한 1권 내지 3권의「손자」들은 모두가 위나라 조조가 주를 단「손자병법」을 바탕으로 한 것이며, 이것이 지금 우리에게 전해지고 있는「손자」13편인 것이다. 따라서 지금 우리가 보는「손자」는 손무가 지은「오손자」가 가장 기본적인 바탕이 되었겠지만 거기에 손빈의「제손자」의 이론도 가미되고 조조 자신의 견해와 병법도 어느 정도 보태진 것이라 보아야만 할 것이다.

위나라 조조가 한번 주를 단 뒤로 수많은 학자들이 「손자」에 주석을 달았다. 그중에서도 유명한 것은 송(宋)나라 길천보(吉天保)가 조조, 이전(李筌), 두목(杜牧), 진호(陳皞), 가림(賈林), 맹자(孟子), 매요신(梅堯臣), 왕석(王晳), 하연석(何延錫), 장예(張預) 열 사람의 주석에다 당(唐)나라 두우(杜佑)의 주까지를 합쳐 「손자십가회주(孫子十家會註)」를 지은 것이다. 이 뒤로도 청(淸)대에 이르기까지 많은 학자들이 「손자」에 주석을 달았다. 그러나 모두가 위나라 조조의 주에 바탕을 두고 있다.

지금 보는 「손자」는 1. 계편〔計篇 또는 시계편(始計篇)〕 2. 전편〔戰篇 또는 작전편(作戰篇)〕 3. 공편〔攻篇 또는 모공편(謀攻篇)〕 4. 형편〔形篇 또는 군형편(軍形篇)〕 5. 세편〔勢篇 또는 병세편(兵勢篇)〕 6. 허실편(虛實篇) 7. 군쟁편(軍爭篇) 8. 구변편(九變篇) 9. 행군편(行軍篇) 10. 지형편(地形篇) 11. 구지편(九地篇) 12. 화공편(火攻篇) 13. 용간편(用間篇)의 13편으로 이루어져 있다.

4. 손자(孫子)의 사상(思想)

① 전쟁의 개념

「손자」 13편은 병서이다. 병서란 어떻게 하면 전쟁을 잘할 수 있는가를 논한 책이다. 따라서 중국의 「병가(兵家)」들은 호전적인 사람들, 다시 말하면 세상의 모든 일을 무력으로 해결하려는 사람들로 느껴지기 쉽지만 반드시 그렇지도 않다.

병가들은 손자가 계편(計篇) 첫머리에서 말한,

「전쟁이란 국가의 대사(大事)이며 죽느냐 사느냐 하는 분기점이요, 망하느냐 흥하느냐 하는 갈림길이니 잘 살피지 않을 수가 없는 것이다.」

라고 하면서 전쟁의 중요성을 강조하고 있다. 한 나라가 전쟁에 패한다는 것은 그 나라의 멸망을 뜻하며, 전쟁에 패한 민족은 다른 민족의 압박 아래 비참한 처지에 빠지게 된다. 그렇다고 언제나 전쟁을 일삼아 승리하기만 하면 잘 살게 되는가? 그렇지도 않다. 전쟁이란 수많은 재물의 낭비와 무수한 인명의 손실이 수반되는 것이다. 창칼을 들고 싸울 때 아무리 싸움을 잘하는 군대라 하더라도 적 다섯 명을 죽이기 위하여는 이편도 한 명의 희생쯤은 각오해야 할 것이다.

그리고 자기 나라가 아닌 남의 나라를 침략하여 남의 나라 땅을 폐허화시키면서 싸운다 하더라도 먼 곳까지 수만의 병력을 출동시키기 위하여는 막대한 경비가 든다. 그리고 이들의 보급을 계속하기 위하여는 더 많은 인력이 동원되어야 한다. 그래서 손자도 10만의 군사를 동원하고 나면, 그 나라의 70만 가구(家口)가 생업에 종사할 수 없게 된다고 하였다.(用間篇) 이처럼 전쟁은 군민생활을 근본적으로 유린하는 비정한 것이다. 그 위에 얼마나 많은 사람들이 전쟁 때문에 목숨을 잃게 될는지도 모른다. 따라서 이런 전쟁을 오랫동안 계속하다 보면, 비록 승리를 거둔다 하더라도 그 나라의 경제사회와 국민생활은 파탄을 면치 못하게 된다. 그러니 전쟁에 패하는 나라의 비참한 처지는 이루 다 형언할 수 없는 정도이다.

손자도 전쟁이 이처럼 비정하고 파괴적인 것임을 잘 알고 있었다. 그래서,

「백 번 싸워서 백 번 이기는 것은, 전쟁을 잘하는 사람 중에서도 가장 잘하는 게 못된다. 싸우지 않고서도 적의 군대를 굴복시킬 수 있는 것이 전쟁을 잘하는 사람 중에서도 가장 잘하는 것이다.」(攻篇)

「전쟁을 잘하는 사람은 적의 군사들을 굴복시키되 싸우지

는 않는다. 적의 성을 함락시키되 공격하지는 않는다.」(攻篇)
고 말한 것이다. 곧 적과 맞붙어 싸움으로써 승리를 거두는 것은 정말로 전쟁을 잘하는 사람이 못된다. 적과 맞붙어 싸우기 전에 미리 전쟁의 요인들을 자기편에 유리한 방향에서 해결함으로써 상대방을 굴복시키어 실제로 창칼을 들고 싸우지 않는 사람이야말로 전쟁을 잘하는 사람이라는 것이다. 이것은 손자가 그의 병법의 이상으로서는 일반적인 의미의 전쟁을 부정하고 있음을 뜻한다.

손자뿐만 아니라 중국의 병가들은 모두가 이러한 병법의 윤리를 중시했던 것 같다.

「오자(吳子)」에서도,

「그래서 성인(聖人)들은 도(道)로써 백성들을 편안하게 하고, 의(義)로써 백성들을 다스리고, 예(禮)로써 백성들을 움직이고, 어짐(仁)으로써 백성들을 아껴주었다. 이러한 네 가지 덕을 닦은 사람은 홍하고 버린 사람은 멸망한다.

그러므로 은(殷)나라 탕(湯)임금이 하(夏)나라 걸(桀)임금을 치자, 하나라 백성들조차도 기뻐하였고, 주(周)나라 무왕(武王)이 은나라 주(紂)임금을 치자, 은나라 백성들에도 그것을 비난하는 사람이 없었다. 그들의 거사(擧事)가 하늘과 사람들의 뜻에 순응되는 것이었으므로 그러할 수 있었던 것이

다.」(圖國篇)

고 하면서, 전쟁의 요인을 만드는 자들을 제거하기 위하여는 통치자가 먼저 올바른 도와 의로움과 예의와 어짊의 네 가지 덕으로써 백성들을 잘 다스리고 있어야 한다는 것이다.

「오자」에 의하면, 이러한 덕(德)에 의한 정치가 전쟁에 앞선다. 아무리 전쟁을 잘하는 사람이라 하더라도 이처럼 덕으로써 나라를 잘 다스리고 있는 나라를 쳐부수지는 못한다. 왜냐하면 적과 우리 편의 구별 없이 모든 사람들이 전쟁 도발자(挑發者)보다는 이러한 사람을 따를 것이기 때문이다.

손자가 말한 싸우지 않고서 적군을 굴복시킨다는 것도 이러한 훌륭한 정치가 선행되지 않으면 불가능한 것이다. 일시적인 계책과 모략만으로는 아무런 충돌 없이 적을 굴복시킬 수는 절대로 없을 것이다. 상대방 나라의 백성들도 이편의 훌륭한 정치에 마음이 끌리고 상대방 나라를 통치하는 사람도 이편 통치자의 인격이나 능력을 인정하고 있을 때 비로소 싸우지 않고 그들을 굴복시키게 되는 것이다. 더구나 다섯 편으로 이루어진 「사마법(司馬法)」 같은 병서를 보면, 첫 편이 인본(仁本), 둘째 편이 천자지의(天子之義), 셋째 편이 정작(定爵) 등으로서 모두가 윤리적인 해설에 중점을 두고 있고, 실제로 싸우는 방법을 얘기한 곳이란 극히 일부분에 지나지 않는다.

이렇게 볼 때 손자를 비롯한 중국의 병가들은 거의 모두가 전쟁은 인류에 불행을 안겨주는 것이니 되도록이면 이를 없애야 한다고 생각하고 있었던 것 같다. 이러한 기본적 윤리관은 유가(儒家)의 덕치(德治) 사상과 조금도 어긋나지 않는다.

② 승리(勝利)의 개념

이상적으로는 전쟁이 없어야 하지만 세상에는 정말로 덕으로써 나라를 다스리는 성인이 나오기 어려우므로 실제로 전쟁이 없어지지 않는다. 개인은 개인대로, 나라는 나라대로 여러 가지 이해관계가 서로 얽히어 충돌하게 마련이다. 따라서 전쟁은 어느 때 어디에서 일어날는지 모른다.

그래서 「사마법」에서 지적했듯이,

「나라가 비록 크다 하더라도 전쟁을 좋아하면 반드시 망하고, 천하가 비록 안락하다 하더라도 전쟁을 잊고 있으면 반드시 위태롭게 된다.」(仁本篇)는 것이다. 세상에서 전쟁은 불가피한 것이기 때문에 되도록이면 전쟁을 피하여야 하지만 전쟁에 대한 대비를 게을리하여서는 안된다는 것이다. 오랜 경험에 의하여 현대에 이르러서는 스위스 같은 영세중

립국조차도 자기의 군사력 없이는 중립조차도 지탱하기 어렵다고 여기게까지 되었다.

전쟁이 불가피한 것이라면 어느 나라건 반드시 전쟁은 하게 된다. 일단 전쟁을 하게 되면 승리를 거두어야 하는데, 그 승리는 어떤 것이 가장 바람직한 승리인가?

손자는「전쟁하는 방법에 있어서는 나라를 온전히 하는 게 가장 좋으며, 나라를 깨치는 것은 그 다음 차례이고, 군대를 온전히 하는 게 가장 좋으며, 군대를 깨치는 것은 그 다음 차례이고, 부대를 온전히 하는 게 가장 좋으며, 부대를 깨치는 것은 그 다음 차례이다.」(攻篇)

라고 주장하고 있다. 전쟁을 함에 있어서는 나라고 군대고 부대고 간에 아무런 희생 없이 끝맺을 수 있는 게 가장 전쟁을 잘하는 것이라는 것이다. 적이건 우리 편이건 나라나 군대에 많은 희생을 치르는 것은 좋지 않은 결과라는 것이다. 이처럼 나라나 부대에 조그만 희생도 없이 승리를 거둔다는 것은, 앞에서 말한 것처럼「싸우지도 않고 적의 군대를 굴복시키기」전에는 어려운 일이다. 따라서 일단 전쟁을 시작하게 되면 크고 작고 간에 나라나 군대에 희생이 뒤따르기 마련이다.

그러면 전쟁은 어떻게 해야 하는가? 전쟁은 졸렬하더라

도 되도록이면 빨리 승리를 거두고 끝맺어야 한다. 전쟁이 오래 계속되면 거기에 따른 희생도 커진다.

손자는「전쟁을 함에 있어서 승리를 거두더라도 오랫동안 싸우면 무기가 소모되고 예기(銳氣)가 꺾이며, 적의 성을 공격하면 힘이 지치게 되며, 오랫동안 군대를 전장에 내놓고 있으면 나라의 비용이 부족하게 된다.」(戰篇)
고 하였다. 덮어놓고 싸워서 이기기만 한다고 되는 것은 아니다. 싸움이란 되도록 짧은 시일 내에 끝냄으로써 물자나 인명의 피해를 줄이고 나라의 정치적, 경제적 혼란이나 백성들의 생활질서의 파괴를 되도록 작은 범위 안에 머무르게 하여야 한다는 것이다.

따라서「오자」에서도,

「천하의 싸움하는 나라로서 다섯 번 승리한 자는 화난을 당하고, 네 번 승리한 자는 피폐하게 되고, 세 번 승리한 자는 패자(覇者)가 되고, 두 번 승리한 자는 왕자(王者)가 되고, 한 번 승리한 자는 제왕(帝王)이 된다. 그러므로 자주 승리함으로써 천하를 얻은 사람은 드물고 그럼으로써 망한 자는 많다.」(圖國篇)
고 하였는데, 이것도 역시 손자와 같은 개념의 승리이다.

아무리 위대한 승리라 하더라도 여기엔 많은 희생과 파

괴가 뒤따르는 것이므로, 이런 승리를 위하여 여러 번 싸우다 보면 승리가 겹칠수록 나라의 폐해가 된다는 것이다. 따라서 참고 참은 끝에 도저히 그대로 있을 수가 없어서 전쟁을 일으키어 승리를 거둔 사람만이 천하를 얻어 제왕이 되는 것이다.

가장 완전한 승리는 싸우지도 않고서 거두는 승리이지만, 일단 싸워서 얻는 승리라면 되도록이면 빠르고, 되도록이면 희생이 적어야 한다. 따라서 일단 싸움이 붙고 보면 목표는 바로 희생을 적게 하고 빠른 시일 내에 전쟁을 승리로 이끄는 것이라야 한다. 일단 전쟁을 시작한다는 것은 일반적인 도덕이나 윤리에 위반되는 것이므로, 전쟁이 시작된 다음에는 어떤 수단이나 어떤 방법을 써서라도 빨리 승리를 거두는 것이 윤리가 된다. 그러한 전쟁의 목표 달성을 위하여는 어떠한 속임수나 거짓말을 하여 상대방을 공격한다 하더라도 잘못이 될 수 없다. 오히려 전쟁이 시작된 다음에도 대등한 조건 아래 정정당당히 힘으로써 양심적으로 운동경기를 하듯 싸우는 것이야말로 가장 어리석고 불합리한 짓이 된다. 옛날 춘추시대(春秋時代) 송(宋)나라 양공(襄公)처럼 적이 강물을 건너오는 대형이 어지러운 때도 공격 않고, 적이 진형을 다 갖추기를 기다려 공격하면서도

「한 번 부상당한 적은 거듭 다치지 않고, 노인들은 사로잡지 않고, 적보다 유리한 지형에서 싸우지 않고, 대열이 정비되지 않은 적은 공격하지 않는다.」

고 하면서 싸우다가 패망한 사람[「좌전(左傳)」 희공(僖公) 22년]은 어리석은 자이다. 그처럼 싸우면서까지 어짊과 의로움을 발휘하려면 아예 전쟁을 하지 말아야 할 것이다. 그런 방식으로 싸워서 비록 승리를 한다 하더라도 그것은 어리석기 짝이 없는 형편없는 승리인 것이다.

③ 계책의 사용

전쟁은 어떤 방법을 써서라도 되도록이면 빨리 종결지어야만 한다. 일단 전쟁이 시작되면 목표는 빠른 시일 내의 승리가 있을 따름이다. 그 목표의 달성을 위하여는 수단과 방법을 가릴 필요가 없다. 재빠른 승리만이 전쟁에서는 정의(正義)요, 최선(最善)인 것이다.

따라서 전쟁에서는 적을 속여도 되고 거짓말을 해도 된다. 오히려 속임수와 거짓말은 적은 노력과 희생으로써 적을 깨칠 수 있는 방법이 되므로 전술의 기본이 된다고까지도 할 수 있다.

그래서 손자는 「전쟁이란 속이는 도(道)」라고 단언하고 있는 것이다. 적으로 하여금 우리의 실정이나 의도를 그릇 판단하거나 잘 모르게 하자면 우리의 겉모양이나 행동이 적을 속일 수 있어야 한다.

손자가 말한 것처럼,

「적을 알고 자기를 알면 백 번 싸운다 하더라도 위태롭지 않다.」(謀攻篇)

따라서 적은 우리를 모르고 우리는 적을 알아야 되는데, 그 기본 방법은 속임수가 가장 첩경이다.

적을 공격하는 데 있어서도 정정당당한 방법을 쓰는 것은 가장 어리석은 자이다. 적의 허실(虛實)을 유도하면서 정병(正兵)과 기병(奇兵)을 응용하며 언제나 적의 불의를 쳐야 한다. 그처럼 변화 많은 진형(陣形)을 사용할 줄 알아야만 적은 희생과 노력으로 적을 굴복시킬 수 있는 것이다.

이러한 이유 때문에 손자는 계책 또는 계략을 매우 중시한다. 전쟁을 시작할 때의 전체적인 작전 계획은 물론 싸움을 할 때마다 그때그때 적의 의표(意表)를 찌르는 계책이 필요하다. 이러한 계책의 수립에 있어서 수준이 적에 뒤지면 전쟁에 이미 패한거나 다름없다.

「한서」예문지(藝文志)에선 손자를 「병권모(兵權謀)」의 첫 번째로 들고 있지만, 사실 「손자」를 읽어보면 첫 편부터 끝

편에 이르기까지 모두가 권모의 해설이라고까지 말할 수 있을 것이다.

열째 번 편 지형(地形), 열한 번째 편 구지(九地) 등 지형에 대한 해설이 자세한 것도, 지형은 바로 작전 계획의 바탕이 되는 것이기 때문이다. 또 끝으로 간첩(間諜)의 사용을 강조하는 것도 계책의 사용과 밀접한 관계가 있다. 간첩이란, 적의 실정을 정확히 파악하여 줄 뿐더러 적의 작전을 그릇되게 유도하거나 적의 내부를 교란시킬 수 있다. 따라서 작전에 있어서 간첩의 사용만큼 큰 효과가 있는 것은 드물다.

이처럼 손자가 전쟁을 간단히 적은 희생으로 끝낼 수 있는 여러 가지 계책을 강조하고 있는 것은, 계책에 의한 승리가 가장 훌륭한 승리가 될 수 있기 때문이다.

다시 말하면, 손자는 어떤 수단을 써서라도 전쟁은 속히 승리를 거두는 것이 가장 훌륭한 결말이라고 여기고 있었던 것이다.

5. 우리의 일상생활과 《손자》

《손자》는 병법서일 뿐만 아니라 지금 우리에게는 고전(古典)으로서 우리의 생활 전반에 걸쳐 여러 가지 중요한 교훈을 안겨주고 있다. 우선 《손자》에서 중시하고 있는 전쟁의 윤리관은 지금도 우리 사회의 올바른 윤리관에 있어 큰 가르침이 되고 있다. 우선 전쟁을 얘기하면서도 '싸우지 않고 이기는 승리야말로 진정한 승리'라는 기본 태도는 전쟁이나 병법의 근본을 알려준다. 전쟁이 인민을 위한 것이라면, 싸운다는 그 자체가 이미 인민들을 위하여는 환난이 되는 것이다. 결과적으로 승리를 거둔다 하더라도 전쟁을 통하여 수많은 사람들이 죽고 부상당하고, 막대한 물자의 손실과 사회시설의 파괴를 수반하게 된다. 그러기에 승리가 아무리 값진 것이라 하더라도 여러 번 승리를 거두는 나라는 결국은 멸망하게 된다는 것이다.

여기에서 우리는 세상을 살아나가는 사람으로서의 기본 태도를 터득하게 된다. 어떤 일이나 사업이라 하더라도 남에게 피해가 돌아가는 일은 그 목적이나 결과가 아무리 위대하다 하더라도 자주 해서는 안되는 것이다. 전쟁처럼 부득이할 때에만 마지못해 해야지, 그 목적이나 결과의 훌륭함만을 생각하고 함부로 그런 일을 하다가는 결국 그 스스로가 인생에 실패하게 될 것이다. 사회나 남에게 미치는 작은 피해도 가벼이 여겨서는 안된다는 것을 깨닫게 된다.

병법은 권모(謀謨) 또는 계책(計策)을 통하여 이루어진다. 실은 무슨 일이나 치밀한 계획과 올바른 방법을 생각치 않고는 성공하기 어려운 일이다. 《손자》는 전쟁에 있어서 '적을 알고 자기를 알면, 백 번 싸운다 하더라도 위태롭지 않을 것'이라 하였다. 일의 계획과 일하는 방법은 전후좌우의 모든 여건을 정확히 파악한 후라야만 제대로 대처할 수 있는 것임을 알려주는 것이다.

그리고 적을 알고 자기를 안 다음 전개되는 《손자》의 여러 가지 상황에 따라 주마등처럼 변화하는 병법은 모두 우리가 세상을 살아가면서 일을 계획하고 그것을 추진하여 성공시키는 일에도 그대로 적용될 수 있는 원리들인 것이다. 이 책의 독자들은 《손자》를 새로운 각도에서 읽고 소화하여 삶에 새로운 지혜를 얻을 수 있게 되기 바란다.

손자

제1권

1. 계편計篇

「계」란 계책, 계략의 뜻. 전쟁을 시작하기 전에 반드시 적과 우리 편의 군사력을 비교하여 싸워 이길 수 있는 계책을 세워야 한다. 보통 판본에는 「시계(始計)」로 되어 있는데, 「시계」란 전쟁을 시작할 때 세우는 「계책」이란 뜻이다. 계책은 요즘 말로는 「전략」이라고 한다. 완전한 전략도 세우지 않고 전쟁을 시작한다는 것은 무모한 짓이며 절대로 적을 패배시킬 수 없다.

이 편에서는 승리의 기반이 되는 전략을 세울 때에 유의하여야 할 전쟁의 기본적인 이론을 서술하고 있다.

1.

손자(孫子)가 말하였다.

전쟁이란 것은 나라의 대사이다. 사람들이 죽고 사는 마당이 되고, 나라가 존속하고 망하는 갈림길이 되는 것이니 살피지 아니할 수가 없는 것이다.

孫子曰, 兵者國之大事也. 死生之地, 存亡之道, 不可不察焉.

- 兵(병) : 본시는 병기(兵器), 무기(武器)의 뜻. 뜻이 전(轉)하여 군인, 군대, 전쟁 등 여러 가지 뜻으로 쓰이게 되었는데, 여기서는 특히 「전쟁」을 가리킨다.
- 地(지) : 마당, 처지, 판국. 곧 죽느냐 사느냐 하는 중대한 일이 결정되는 「마당」이 전쟁이라는 뜻이다.
- 存亡(존망) : 나라가 존속(存續)하거나 멸망하는 것.

- 道(도) : 길, 갈림길.
- 察(찰) : 살피다. 신중히 고찰(考察)하는 것.

　* 손자는 이 책의 첫머리에서 전쟁의 중대성을 강조하고 있다. 전쟁이란 다른 일들과는 달리 수많은 백성들을 죽이느냐 살리느냐 하는 문제를 결정짓고 나라가 송두리째 망하느냐 흥하느냐가 결정되는 갈림길이 된다는 것이다. 전쟁이란 그처럼 결정적이고도 비정(非情)한 것이다. 따라서 손자는 병법(兵法)을 조직적인 논리로 해설해 나가기 위하여 그 대전제(大前提)로서 이와 같은 선언을 하고 있는 것이다.
　전쟁이 국가의 대사라는 것쯤은 누구나 알고 있는 일인지도 모른다. 그러나 많은 사람들이 다 알고 있는 일을 소홀히 함으로써 실패하는 일이 많다. 전쟁에서는 장군이 군중심리(群衆心理)에 몰리어 흥분한 나머지 전군(全軍)을 사지(死地)에 몰아넣기 쉽다. 그래서 손자는 첫머리에 누구나 다 아는 전쟁의 중요성을 강조하면서「잘 살피지 아니할 수가 없는 것이다.」고 주의를 독촉하는 것이다.

2.

　그러므로 다음 다섯 가지 일로써 기준을 삼고 계책으로써 피아(彼我)를 비교하여 그 실정을 추구하여야 한다.

故經之以五事, 校之以計, 而索其情.

- 經(경) : 일정한 기준, 일정한 법도. 常(상)과 뜻이 통한다.
- 五事(오사) : 바로 뒤에 설명이 나오는 다섯 가지 일.
- 校(교) : 較(교)와 뜻이 통하여, 우리와 적의 실력을 여러 가지 면에서 비교하여 보는 것.
- 索(색) : 찾다, 구하다, 추구하다.
- 情(정) : 실정(實情), 진정(眞情).

* 여기에서부터는 전쟁을 하기 전에 전략을 세우는 방법을 자세히 설명하기 시작한다. 전략을 세움에 있어서는 그 표준이 되는 일이 다섯 가지 있다. 이 다섯 가지 일을 기준으로 하여 적과 우리의 군사력이나 여러 가지 나라의 형편을 비교해 본 다음에 전쟁을 어떻게 해야 하는가를 결정한다는 것이다. 뒤 「공편(攻篇)」에서도 「적을 알고 자기를 알면 백 번 싸워도 위태롭지 않다.」고 말하고 있지만 전쟁에 있어서는 실정의 파악이 가장 중요한 것이다.

3.

첫째는 도(道)요, 둘째는 하늘(天)이요, 셋째는 땅(地)이요, 넷째는 장수(將)요, 다섯째는 법(法)이다.

一曰, 道. 二曰, 天. 三曰, 地. 四曰, 將. 五曰, 法.

- 道(도) : 올바른 도리. 전쟁을 하는 정당한 명분.

* 전략을 세우는 기준이 되는, 앞에서 말한 「다섯 가지 일」을 말한다. 다만 여기에 현대전에서 가장 중요한 군사력 비교의 기준이 될 군비(軍備)가 빠져 있는 게 이상하다. 옛날에도 그 나라의 경제력(經濟力)은 전쟁에 절대적인 영향을 미쳤을 것이다. 혹 손자는 「법」 속에 경제력을 포함시키고 있는 것인지도 모른다. 이 다섯 가지에 대한 적과 우리의 사정을 살피어 비교함으로써 실정을 올바로 파악한 다음 전쟁을 시작하여야 한다는 것이다.

4.

도(道)라는 것은 백성들로 하여금 임금과 뜻을 함께하도록 하는 것이다. 그러므로 그들은 임금을 위하여 죽을 수도 있고, 임금을 위하여 살게도 되며, 위험을 두려워하지 않게 되는 것이다.

道者, 令民與上同意也. 故可與之死, 可與之生, 而不畏危.

- 上(상) : 윗자리에 있는 「임금」.
- 與之(여지) : 그(임금)와 더불어, 임금을 위하여.

* 이 도(道)에 대한 해설은 학자에 따라 여러 가지로 구구하다. 다만 유교나 도교에서 말하는 도와는 약간 성격이 다를 것이지만 근본적으로 「올바른 도리」란 뜻을 벗어나는 것은 아닐 것이다.

이곳의 「도」란 전쟁을 하는 올바른 명분을 가리킨다. 전쟁을 하는 명분이 뚜렷하여야만 백성들도 전쟁을 지지하여 임금을 위하여 용감히 싸운다. 명분이 뚜렷하지 않으면 아무리 대군(大軍)을 거느리고 나간다 하더라도 전쟁을 승리로 이끌지 못할 것이다. 그것은 백성들이나 군사들이 윗사람들을 신임하지 않게 될 것이기 때문이다.

고구려 시대에 수(隋)나라의 대군을 두 번이나 물리치고 또 당(唐)나라 태종(太宗)이 거느리는 30만 대군의 공격으로부터 조국을 방위할 수 있었던 것도, 고구려 편에는 전쟁에 임하는 올바른 명분이 있으나 수나라나 당나라 편에는 남의 나라를 침략해야만 할 뚜렷한 명분이 없었기 때문이다. 백성들이 전쟁의 명분을 올바르다고 깨닫기만 하면 뜨거운 애국심을 바탕으로 하여 적 앞에 전 국민이 일치단결을 할 것이다. 전쟁이 의롭다고만 느껴지면 나라나 임금을 위하여 자기 한 몸쯤은 기꺼이 희생을 할 것이다.

「서경(書經)」을 보면 「서(誓)」란 말이 붙은 편명들이 있는데, 이것은 모두 전쟁을 하기에 앞서 임금 또는 대장군이 전군에게 한 훈시이다. 옛날부터 임금이나 장군들은 전쟁의 명분을 온 국민에게 알리어 백성들로 하여금 자진하여 전쟁에 가담하도록 만들었던 것이다.

아무리 강한 군사를 거느리고 있어도「의로운 명분」이 없으면 싸워서 이기기 어렵다. 적과 우리를 비교함에 있어 손자가 이처럼 도덕적인 문제를 가장 먼저 꼽고 있는 것은 주목할 만한 일이다.

5.

하늘(天)이란 것은 흐리고 햇볕 나고(陰陽) 춥고 더운(寒暑) 철을 제어(制御)하는 것이다.

天者, 陰陽寒暑時制也.

- 陰陽(음양) : 날이 흐리고 비 오고 장마지는 것과 날이 맑고 가뭄이 드는 것을 전부 뜻한다.
- 時制(시제) : 철을 제어(制御)하여 전쟁에 유리하게 이용하는 것.「제」를「제도(制度)」,「정제(定制)」의 뜻으로 해석하기도 한다.

*「천(天)」이란 천기(天氣)와 사철의 변화를 뜻한다. 날씨는 사람의 힘으로 어찌할 수 없는 것이어서 전쟁을 하자면 철과 기후의 변

화를 잘 이용할 줄 알아야 한다.

실제로 이러한 사철과 기후의 변화 때문에 전쟁에 실패한 예는 얼마든지 있다. 원(元)나라가 고려(高麗)를 앞세워 일본을 원정했을 때엔 계절의 판단을 잘못하여 계절풍(季節風) 때문에 수십만 대군이 변변히 싸워보지도 못하고 수장(水葬)당하였다. 일본 사람들은 그 계절풍을「신풍(神風)」이라 부르며 신이 자기 나라를 도운 것이라 말하지만 실은 계절을 올바로 이용하지 못한 탓이었다.

또 발해(渤海)가 산동성(山東省) 등주(登州) 방면까지 침입하여 당(唐)나라를 괴롭히자, 현종(玄宗)은 신라(新羅)에 구원병을 청하였다. 성덕왕(聖德王) 32년(A.D. 733) 신라는 김유신(金庾信)의 손자 김윤중(金允中)을 장수로 삼고 군사를 파견하였다. 그러나 압록강을 건너고 보니 눈이 한 길이 넘게 쌓였고 길이 막히어 도중에 죽는 병졸이 태반이 넘었다. 그래서 신라군은 싸워보지도 못한 채 회군하고 말았다.

반대로 정묘(丁卯)와 병자호란(丙子胡亂) 때엔 청(淸)나라 군사들은 결빙기(結氷期)를 이용하여 강물에 막힘 없이 우리 땅에 진격하여 추위에 곤란을 겪는 우리나라 군사들을 무찔렀었다.

또 나폴레옹도 러시아 정벌에 있어서 러시아군에게 싸워서 패배한 게 아니라, 영하 40도 넘는 겨울 추위에 졌었다. 제2차세계대전 때 나치 독일군도 소련에 진격하여 모스크바를 50킬로 눈앞에 두고서 눈과 추위에 지쳐 패배하고 말았었다.

이런 예로 보더라도 전쟁을 함에 있어서는 날씨와 계절을 충분히 고려하여야 한다. 또 농업국가(農業國家)에 있어서는 병력을 동원하는 데 있어서도 농사철과 한가한 철은 많은 차이가 난다. 그래서 손자는 전쟁을 하기 전에 검토하여야 할 일 다섯 가지 중에서 둘째로 날씨와 사철의 변화를 들고 있는 것이다.

6.

땅(地)이란 것은 멀고 가까운 것과 험하고 평탄한 것과 넓고 좁은 것과 물러날 곳도 없는 사지(死地)인가, 활로(活路)가 있는 유리한 곳인가이다.

地者, 遠近險易廣狹死生也.

- 險易(험이) : 지형이 험난한 것과 다니기 쉬운 평탄한 것.
- 死生(사생) : 死는 활로(活路)도 없는 극히 불리한 지형, 生은 활로가 있는 매우 싸우기에 유리한 지형. 간혹 나무나 풀이 무성하게 자라 있는 곳을 (生), 나무나 풀이 자라지 않는 불모(不毛)의 땅을 (死)라고 풀이하기도 한다.

* 「지」는 곧 지형의 뜻. 전쟁을 함에 있어서는 무엇보다도 지형을 잘 이용할 줄 알아야 한다는 것은 상식이다. 임진왜란(壬辰倭亂) 때

험한 요새의 땅인 문경(聞慶) 새재(鳥嶺)를 버리고 스스로 사지(死地)인 충주(忠州)의 탄금대(彈琴臺)로 물러나와 배수진(背水陣)을 쳤던 신립(申砬) 장군은 지형의 이용에 소홀하여 패전하였던 것이다. 언제나 방위선(防衛線)이나 공격 방법은 지형에 의하여 결정되는 것이므로 지형을 올바로 살피어 이용할 줄 모르는 장수는 졸장(拙將)이라 할 것이다.

7.

장수(將)란 지혜(智)와 믿음(信)과 어짐(仁)과 용기(勇)와 위엄(嚴)이 있어야 한다.

將者, 智信仁勇嚴也.

• 嚴(엄) : 위엄, 엄격한 군령을 시행할 능력.

* 여기서는 장수의 인격에 대하여 논하고 있다. 「지혜」란 임기응변(臨機應變)하여 불리한 아군의 조건을 극복할 수 있는 능력을 말한다. 따라서 장수는 전략을 세우는 기교에도 뛰어나야 하지만, 기지(機智)도 있어야 한다는 것이다. 「믿음」이란 임금이나 국민으로부터 받는 신뢰를 말한다. 그 방법으로는 개인의 친분이나 신분 지위에 관

계 없이 명령을 잘 수행하여 공을 세운 사람에게는 후한 상을 주고 명령을 어긴 자에게는 단호한 처벌을 내려야 한다는 것이다. 「어짐」이란 부하들의 노고를 이해하고 부상자나 노약자(老弱者)를 동정할 수 있는 마음가짐을 뜻한다. 장수가 부하들의 처지를 이해해 줄 때 졸병들은 그 장수를 위하여 목숨을 바친다. 「용기」란 적 앞에서 두려워하지 않고 어려운 처지에 놓이더라도 굴하지 않고 싸울 수 있는 마음가짐을 뜻한다. 「위엄」이란 장수의 군령을 엄격히 지키어 작전에 차질이 없도록 만드는 것이다.

흔히 옛 학자들은 이 「지혜, 믿음, 어짐, 용기, 위엄」의 다섯 가지를 「어짐(仁), 의로움(義), 예의(禮), 지혜(智), 믿음(信)」이란 유가의 다섯 가지 덕목(德目)에 결합시켜 설명하기도 하였다.

장수의 경우에 있어서는 「의로움(義)」이란, 어짐(仁)과 용기(勇) 속에 포함되어 있고, 「예의(禮)」는 믿음(信)과 위엄(嚴) 속에 포함되어 있기는 하겠으나, 비정(非情)한 전쟁의 지휘자로서의 요건은 일반 유가의 다섯 가지 덕목(德目)과 성격상 똑같을 수 없을 것이다. 오자(吳子)는 같은 병가(兵家)이지만 장수는 용감하기만 하여서는 안된다고 하였다. 반드시 강유(剛柔)를 겸해야 한다는 것인데, 손자가 말한 「지혜」와 「어짐」 같은 것은 유(柔)에 속하는 것이라 할 수 있을 것이다. 그리고 그는 장수가 지녀야 할 다섯 가지 자격으로, 첫째 부하들을 쉽게 다스릴 줄 알 것(理), 둘째 적에 언제나 대비할 줄 알 것(備), 셋째 적을 대할 적에는 과감할 것(果), 넷째 전쟁에 이긴 뒤에도 싸움을 시작할 때처럼 경계할 줄 알 것(戒), 다섯째 군령이 번거롭지 않고 간략할 것(約)을 들고 있다. 이러한 여러 가지 조건들을 가장 잘 갖추었던 장군으로 우리나라에선 충무공(忠武公) 이순신(李舜臣)을 들 수 있을 것이다.

8.

법(法)이란, 군대의 편제(編制)와 군의 직제(職制)와 군비 보급(補給)이다.

法者, 曲制官道主用也.

- 曲制(곡제) : 군의 편제. 옛날 중국에서는 다섯 명이 오(伍), 열 명이 십(什), 오십 명이 대(隊), 백 명이 곡(曲), 이백 명이 관(官), 사백 명이 부(部), 오백 명이 여(旅)로 되어 있었다. 백 명 단위의 부대명인 「곡」자를 따서 군의 편제를 「곡제」라고 부르는 것이다. 그 밖에 보병(步兵), 기병(騎兵) 및 특수 병과의 분류도 포함한다.
- 官道(관도) : 군의 직제(職制), 장수 이하 대장 및 각 편대의 장(長)들의 복무규정(服務規定). 위(魏)나라 조조(曹操)는 관(官)과 도(道)를 따로 떼어 「관(官)은 직제」, 「도(道)는 양도(糧道) 또는 보급 수송」이라 풀이하였다.

- 主用(주용) : 군에서 주관하여 쓰는 것, 곧 군비와 보급을 뜻한다.

　

* 군대는 한 사람 한 사람의 군인이 다 용감해야 하겠지만, 무엇보다도 중요한 것은 대오(隊伍)를 무너뜨리지 않고 전체가 일사불란하게 행동할 수 있는 집단적인 규율이 요청된다. 군의 조직이 꽉 짜이지 않으면 아무리 용감한 병사가 많더라도 전쟁에 승리를 거두지 못한다. 군대는 무엇보다도 부대와 부대, 전방과 후방, 전투 부대와 보급, 보병과 중화기 부대 등의 제휴가 원만하여야만 한다. 특히 현대와 같은 입체전(立體戰)에 있어서는 조직이 완전무결하여야만 효율적인 전쟁을 수행할 수 있고, 군인들의 사기도 높아질 수 있는 것이다.

9.

이러한 다섯 가지 일에 대하여는 장수라면 듣지 못한 이가 없을 것이다. 이것을 잘 알아차리는 자는 승리하고, 알아차리지 못하는 자는 승리하지 못한다. 그러므로 계책으로써 피아(彼我)를 비교하여 그 실정을 추구한다는 것이다.

凡此五者, 將莫不聞. 知之者勝, 不知者不勝. 故校之以計, 而索其情.

- 知(지) : 안다. 여기서는 단순히 아는 것뿐만 아니라「이 다섯 가지 일에 대하여 잘 이해하고, 그것을 실지로 잘 운용하는 것」을 뜻한다.

* 앞에서 말한 다섯 가지 일이란 모두가 장수라면 모르는 이가 없는 것이다. 그러나 이것을 알면서도 실지로 잘 운용하지 못하면 그것은 정말로 아는 것이 못된다. 특히 전쟁은 지식과 행동(知行)의 합치를 요구한다. 이미 알고 있는 이러한 사실들을 기준으로 하여 적과 아군의 실정을 파악하여 비교해 본 다음에 전략을 세워야 한다는 것이다. 물론 이러한 사실들을 기초로 하여 실정을 조사해 본 결과, 이길 만한 승산이 서지 않는다면 전쟁을 피해야만 할 것이다.

태공망(太公望)의「육도(六韜)」를 보면 전략을 세우는 데 있어, 무기와 식량의 문제가 매우 중시되고 있다. 손자는 여기에서 직접 무기와 식량을 크게 다루고 있지는 않지만 과학의 발달은 무기의 중요성을 날로 크게 만들고 있다.

10.

임금은 어느 편이 올바른 도를 지니고 있는가? 장수는 어느 편이 유능한가? 하늘과 땅은 어느 편에 유리한가? 법령은 어느 편이 잘 실행하고 있는가? 군사들은 어느 편이 강한가? 상과 벌은 어느 편이 분명한가? 나는 이런 것들로써 승부(勝負)를 안다.

曰, 主孰有道? 將孰有能? 天地孰得? 法令孰行? 兵家孰强? 賞罰孰明? 吾以此知勝負矣.

- 主(주): 임금.
- 孰(숙): 누구, 적과 우리 어느 편.

* 앞의 다섯 가지 일을 실지로 응용하는 방법을 설명한 것이다. 「임금은 어느 편이 올바른 도를 지니고 있는가?」 하는 것은 다섯 가지 일 중의 「도(道)」에 해당하는 것이다. 전쟁을 하기 전에 먼저 어느 편 임금이 의로운가? 또는 어느 편의 전쟁의 명분이 뚜렷한가를 비교해 보아야 한다는 것이다. 백성들은 의로운 임금을 따르고 명분이 뚜렷하여야 전쟁을 지지할 것이기 때문이다. 손자는 전쟁에 있어서도 언제나 윤리 문제를 가장 중히 여긴다. 이것은 맹목적인 전쟁이나 개인의 야욕이나 영웅심을 위한 전쟁 같은 것이 있어서는 안됨을 뜻

하기도 한다.

「장수는 어느 편이 유능한가?」는 다섯 가지 일 가운데에서 넷째 번으로 들은 장수의 지혜와 어짐과 용기를 두고 말한 것이다. 장수의 믿음과 위엄은 뒤의 「병사들은 어느 편이 강한가?」, 「상과 벌은 어느 편이 분명한가?」와 관계된다고 보아야 할 것이다. 실제로 전쟁을 하는 데 있어서는 지휘자들의 능력이 전쟁의 승부에 절대적인 영향을 끼친다는 것이다.

「하늘과 땅은 어느 편에 유리한가?」 하는 것은 다섯 가지 일 가운데에서 둘째로 든 「하늘(天)」과 셋째로 든 「땅(地)」을 두고 적과 우리의 형편을 비교하여야 한다는 것이다. 우리는 남쪽 나라이고 적은 북쪽 나라면 겨울에 싸우는 것은 우리에게 불리하다. 우리 편엔 강과 호수가 많고 적의 나라는 산뿐이라면 물에서의 싸움은 우리에게 유리할 것이다. 남쪽엔 요새지가 많고 북쪽은 평탄한 지형이라면, 또 이에 따른 특별한 작전이 필요하다. 하늘의 날씨나 계절의 변화와 지형 같은 것은 사람의 힘으로 좌우할 수 없는 것이니 사전에 신중한 검토를 거쳐야 한다.

「법령은 어느 편이 잘 실행하고 있는가?」 하는 것은, 다섯 가지 일 가운데에서 맨 나중에 든 「법(法)」에 관한 얘기이다. 특히 「법」은 군율(軍律)뿐만 아니라 군대의 편제나 직제 또는 보급제도 같은 것까지도 포함되므로, 어느 편 군대의 조직이 더 우수하고 여러 가지 제도가 합리적이냐 하는 것은 바로 「어느 편 군대가 더 강한가?」 하는 문제와도 관계가 될 것이다. 합리적인 조직과 효율적인 보급에 의하여 전군이 조금도 문란하지 않게 움직인다면 그런 군대를 당해내기란 쉽지 않을 것이다.

「군사들은 어느 편이 강한가?」하는 문제는 병력이 많고 적은 것뿐만 아니라 군의 조직, 무기, 보급 또는 장수들의 능력 모두를 종합 평가하여야 할 것이다. 맨 끝의「상과 벌은 어느 편이 분명한가?」하는 문제는 장수가 믿음과 위엄을 유지하는 것과 직접 관계가 된다. 친분이나 신분에 따라 상과 벌에 차별이 있거나 경우에 따라 상과 벌을 주기도 하고, 있기도 한다면 군사들이나 백성들을 전쟁을 위하여 분기(奮起)시킬 수 없을 것이다.

앞의 다섯 가지 일에 대하여 흔히 이곳의 하늘과 땅을 둘로 나누어, 이 대목의 일들을「칠계(七計)」라 한다. 그러나「다섯 가지 일(五事)」과 이「칠계」가 근본적으로는 같은 것이라고 할 수 있다. 앞에 든「다섯 가지 일」을 기준으로 한 것이 이곳의「칠계」이기 때문이다.

이「칠계」로써 우리와 적을 비교해 보면, 전쟁의 승부를 판단할 수 있다는 것이다.

보통 판본엔「군사들은 어느 편이 강한가?(兵家孰强)」아래 졸병들은 어느 편이 더 잘 훈련되어 있는가?(士卒孰練)」란 네 자가 더 들어 있어 하늘과 땅을 분리시키지 않아도 일곱 가지가 된다. 그러나「어느 편이 강한가?」하는 문제와「어느 편이 훈련이 더 잘 되어 있는가?」하는 문제는 분리시켜 생각하기 곤란한 것이다. 여기에선 일본

판「고본 손자」를 따라, 그 구절은 들어 있지 않은 게 옳다고 보았다.

11.

장수가 나의 계책을 잘 쓰면 반드시 승리할 것이니, 그런 사람은 유임(留任)시킨다. 장수가 나의 계책을 잘 쓰지 못하면 반드시 패배할 것이니, 그런 사람은 면직(免職)을 시킨다.

將聽吾計用之, 必勝, 留之. 將不聽吾計用之, 必敗, 去之.

- 聽(청) : 말을 듣다. 의견을 따르다.
- 留(유) : 유임(留任).
- 去(거) : 쫓아보냄. 면직시킴.

* 여기서의「나의 계책」이란, 앞에서 말한 전략의 기준이 되는「다섯 가지 일」과「일곱 가지 계책」을 가리킨다. 장수는 이러한 기준을 따라 언제나 빈틈 없는 전략을 세워야 한다. 손자가 말한 대로 올바른 전략을 세우지 못하는 장수는 이미 장수로서의 자격이 없는 사람이다. 따라서 나라의 장수가 될 사람은 앞에서 말한 기준을 따라

전략을 올바로 세울 줄 아는 사람이어야 하며, 임금은 그런 사람들을 자기 아래 두고 손발처럼 부릴 수 있어야 나라를 보전할 수 있다는 것이다.

태공망(太公望)의 「육도(六韜)」에서도 장수의 자격을 논하여 장수는 「용기(勇), 지혜(智), 어짐(仁), 믿음(信), 충성(忠)」의 다섯 가지 자질을 갖추어야 한다고 강조하면서, 전쟁의 승패와 나라의 존망(存亡)이 장수에게 달려 있으니 「장수를 임명함에 있어서는 그 자격을 잘 살피지 않으면 안 된다.」고 주장하고 있다. 친분이나 신분 때문에 자격없는 장수를 임명한다는 것은 전쟁의 패배 내지는 국가의 멸망을 뜻하게 된다.

12.

세운 계책이 유리하고 장수가 이를 잘 따르면, 곧 형세를 유리하게 만들어 외부로부터 도움이 오도록 만든다. 형세란 유리한 것을 근거로 하여 권변(權變)을 제어(制御)하는 것이다.

計利以聽, 乃爲之勢, 以佐其外. 勢者因利而制權也.

- 計(계) : 앞에든 「다섯 가지 일」을 기준으로 하여 세운 계책. 전략.
- 聽(청) : 장수가 세워놓은 계책에 따라 부하들을 잘 통솔하고 전쟁에 잘 대비하는 것.
- 勢(세) : 전쟁을 수행하여야만 할 나라의 형세. 형세가 유리하여야만 국민들을 애국심에 호소하여 동원시킬 수 있고 이웃 나라의 원조를 받을 수 있다.
- 佐(좌) : 돕다. 보조하다.
- 外(외) : 외국이나 국제적인 여론을 뜻한다.
- 權(권) : 권변(權變). 변화를 먼저 일으킬 수 있는 권한. 먼저 적을 공격하거나 적보다 유리한 위치에서 적의 불의를 선전할 수 있는 권한. 따라서 「制權(제권)」이란 전쟁을 수행함에 있어 여러 가지 면에서 기선(機先)을 제(制)함을 뜻한다.

* 전략적인 면에서 「유리하다」는 것과 「형세가 이롭다」는 것은 매우 중요한 일이다. 병력이 적보다 훨씬 강하다 하더라도 전쟁을 하는 입장이 불리하다든가 국제적인 형세가 불리하다면 전쟁에 승리할 수 없다. 왜냐하면 많은 다른 나라들이 음으로 또는 양으로 적국을 도울 것이기 때문이다.

따라서 전쟁을 수행할 전략이 섰으면 다음에는 유리한 입장에 설 수 있도록 형세를 유도하여야 한다는 것이다. 주위의 형세가 유리하여야만 국제적인 동정이나 외국의 원조를 받을 수 있고 국민들을 분발하게 할 수 있다. 그리고 자기 나라가 유리한 입장에 놓여 있어야만 전쟁에 기선(機先)을 제할 수 있다. 전쟁을 수행함에 있어 기선을 제한다는 것은 적에게 불의의 큰 타격을 가할 수 있는 것이므로 매우 중요한 일이다. 만약 주위의 형세가 불리한 데도 먼저 적을 공격한다면, 다른 나라들은 모두 적국을 동정하여 자기 나라는 완전히 고립되게 될 것이다. 유리한 형세를 만드는 데에는 물론 전술과는 다른 교묘한 선전이나 뛰어난 외교 수단 같은 것을 필요로 할 것이다.

13.

전쟁이란 속이는 수단을 써야만 한다. 그러므로 능력이 있으면서도 능력이 없는 듯이 보이며 사용할 것인데도 사용하지 않을 것처럼 보여주어야 한다. 가까운 것인데도 먼 것처럼 보이며, 먼 것인데도 가까운 것처럼 보여주어야 한다.

兵者詭道也. 故能而示之不能, 用而示之不用. 近而示之遠, 遠而示之近.

- 詭道(궤도) : 속이는 수단. 전쟁이란 올바른 윤리도덕에 의하여 수행되기만 하는 것은 아니다. 적을 착각시키어 적을 낭패케 하도록 만드는 갖은 수단을 다 써야만 한다. 흔히 주해

가들은 「권도(權道)」, 곧 「기회에 따라 임기응변으로 유리한 방법을 써서 대처하는 것」이라 해석한다. 그러나 「궤(詭)」자를 쓴 것은 전쟁의 본질이 비정한 것이기 때문일 것이다. 군사력이 약한 편이 강한 편과 똑같은 조건 아래 싸운다면 결과는 뻔할 것이기 때문에 전쟁에 이기기 위하여는 특수한 계략을 쓰지 않을 수 없는 것이다. 그래서 전쟁을 「속이는 수단」이라 표현한 것이다.

* 중국 고사(故事)에 「송양지인(宋襄之人)」이란 말이 있다. 송(宋)나라 양공(襄公)은 대장군 자어(子魚)의 만류도 듣지 않고 초(楚)나라와 전쟁을 일으켰다.

홍(泓)이란 강가에서 송나라 군사는 초나라 군사와 맞붙게 되었다. 처음에 송나라 군사들은 진열(陣列)을 가다듬고 있었는데 초나라 군사들은 강물을 다 건너지도 못하고 있었다. 자어는 이 기회에 초나라 군사들을 공격하려 했으나 송나라 양공은 정정당당하지 못하다고 거절하였다. 다시 강을 다 건너와 아직 전열(戰列)을 가다듬지 못했을 때 자어는 다시 초나라 군사를 공격하자고 권하였으나 양공은 거절하였다. 초나라 군사들이 진열을 다 가다듬은 다음에 송나라 군사들은 그들을 공격했으나 오히려 패배하고 송나라 양공은 넓적다리를 다쳤으며 호위병은 전사하였다. 그리고도 송나라 양공은 말하였다. 「군자는 다친 사람을 거듭 다치지 않으며 머리 희끗희끗한 사람을 사로잡지 않는다. 옛날에 싸움하는 방법은 불리한 입장에 있는 적을 공격하지 않았다. 나는 비록 망한 은(殷)나라 후손이지만 전열을 가다듬지 않은 적을 공격하지는 않는다.」

이 말에 대하여 자어는 다음과 같은 반박을 하였다.

「임금님께선 전쟁을 아시지 못합니다. 강한 적군이 불리한 입장에 있고 전열을 가다듬지 못하고 있다는 것은 하늘이 우리를 도우시는 것입니다. 그들을 막고 공격하면 좋을 게 아닙니까? 그래도 이기지 못할까 걱정입니다. 또한 지금 강한 자들이 모두 우리 적입니다. 비록 노인이라 하더라도 잡히면 잡아야 합니다. 머리 희끗희끗한 게 무슨 상관이 있습니까? 치욕을 밝히며 싸우게 하는 것은 적을 죽이기 위한 것입니다. 다치기만 하고 죽지 않은 것을 어떻게 거듭 다치지 않을 수가 있겠습니까? 만약 거듭 다치기를 꺼린다면 차라리 다치게 하지도 말아야지요. 적군의 머리 희끗희끗한 사람들을 아껴준다는 것은 굴복하는 거나 같습니다. 군대는 유리한 기회를 이용하여야 하며 북과 징 같은 것은 사기를 돋우기 위하여 치는 것입니다. 유리한 기회를 이용하기로 말하면 불리한 입장에 있는 적을 공격해도 됩니다. 사기를 왕성히 하여 뜻을 이루려 한다면 전열이 가다듬어지지 않은 것을 공격해도 됩니다.」

전쟁에서도 도덕군자처럼 정정당당히 유리한 기회를 버리고 강한 적과 싸우는 태도를 「송양지인」이라 하는 것이다. 송나라 양공은 전쟁이 무엇인지 올바로 이해하지 못하고 있는 것이다. 정말로 군자다우려면 전쟁을 하지 말아야 되며 전쟁을 한다는 것은 아무리 명분이 선 전쟁이라 하더라도 수많은 사람과 무수한 재물을 손상케 하는 잔인한 것이기 때문에 최소한도의 희생으로 목적을 달성하고 전쟁을 끝맺어야 하는 것이다. 대장군 자어는 「전쟁이란 속이는 수단을 써야만 한다.」는 손자의 전쟁이론을 이해하고 있었던 것이다.

따라서 전쟁에 승리하기 위하여는 갖은 수단을 다하여 적을 현혹시켜야 한다. 적이 우리의 의도나 실태를 정확히 파악한다는 것은 그만큼 우리의 작전을 실패케 할 것이기 때문이다. 반대로 적이 우리의 계책이나 실태를 그릇 판단한다는 것은 그들의 작전을 실패케 할 것이기 때문이다.

14.

적이 유리한 입장이면 딴 곳으로 그들을 유도하고, 적이 혼란하면 공격하여 정복하며, 적이 착실하면 이들에 잘 대비하고, 적이 강하면 이들을 피한다.

利而誘之, 亂而取之, 實而備之, 强而避之.

- 誘(유) : 유리한 입장에 있는 적을 「유도」 또는 「유인」하여 불리한 입장에 놓이도록 만드는 것.
- 取(취) : 공격하여 빼앗는 것, 정복하는 것.

*적의 상황을 판단하여 이에 대처하는 방법을 설명하고 있다. 전쟁에 있어 적의 상황을 올바로 판단하는 것은 작전을 세우는 기반이 된다. 그래서 「오자(吳子)」를 보면 둘째 편이 「적을 요량(料量)한다.」는 뜻의 「요적(料敵)편」이다. 적을 정확히 파악했으면 이에 잘 대처하여야 한다. 적이 혼란한 상태이면 공격하여 점령해도 되지만, 적이 유리한 상태이면 그들이 불리해지도록 사태를 유도하거나 그들의 위치를 유인하여 옮겨놓아야 한다. 착실한 병력과 군비를 갖춘 적은 함부로 맞아 싸울 게 아니라 유리한 지형이나 성벽을 이용하여 이들을 방비하여야 한다. 그리고 공격하다가 강한 적과 맞부딪치게 되면 무모하게 싸울 게 아니라 이들을 일단 피해야만 한다. 병자호란(丙子胡亂) 때 금(金)나라 군대들이 우리 임경업(林慶業) 장군이 수비하는 지역은 일부러 피하며 우리나라로 진격하였던 일은 강한 적을 피하여 전쟁을 승리로 이끈 좋은 본보기가 될 것이다.

15.

성이 나게 해 가지고 적을 그르치게 하고 겸손한 낮은 태도로서 적을 교만하게 만든다. 편히 있으면서 적을 괴롭히고 친한 체하면서 적을 이간(離間)시킨다.

怒而撓之, 卑而驕之, 佚而勞之, 親而離之.

- 撓(요) : 굽히다, 꺾다. 적을 성나게 함으로써 판단을 흐리게 하여 성급히 달려들도록 만드는 것.
- 卑(비) : 적에게 겸손한 체 비천(卑賤)하게 행동하는 것. 그러면 적은 교만하여져서 우리를 깔보고 함부로 덤벼들기 쉽다.
- 佚(일) : 逸(일)과도 통하여, 「편안히 지내는 것」.
- 離(이) : 적의 장수들 사이, 또는 적의 장수와 부하 사이, 적과 적을 돕는 나라 사이를 이간(離間)시키는 것. 어느 한 편과 친한 체 행동하면 다른 편에서는 그 편이 적과 내통하는 게 아닌가 싶어 마음이 멀어져 갈 것이다.

* 이것이 「속이는 수단」의 구체적인 내용이다. 적의 행동이 냉정하면 짐짓 적을 건드려 성나게 함으로써 냉정을 잃게 한다. 적이 냉정함을 잃는다는 것은 올바른 판단을 내릴 능력을 잃음을 뜻한다. 약간 적 앞에 비굴(卑屈)하게 행동함으로써 적을 교만하게 만드는 것도 한 방법이다. 「삼국지(三國誌)」를 보면 적벽(赤壁)의 싸움에서 황개(黃蓋)가 바로 이 방법을 써서 조조(曹操)를 속여 넘긴다. 자기편은 되도록이면 편안히 지내면서 적군만 수고를 하도록 만들어도 적군은 지쳐서 쉽게 쳐부술 수 있을 것이다. 끝으로 적을 이간시킨다는 것은 적의 전투력을 반감시키거나 적을 고립시키는 결과가 된다. 전국시대(戰國時代) 진(秦)나라의 장의(張儀)는 주로 이 방법에 의하여 다른 여섯 나라의 연합을 깨고 원교근공(遠交近攻)의 방법으로 천하통일의 기틀을 마련하였다.

16.

적이 무방비할 때에 공격하며 적이 뜻하지 않은 방법으로 나아가야 한다.

攻其無備, 出其不意.

- 備(비) : 방비, 대비.
- 不意(불의) : 뜻하지 않은 것, 의외의 방법.

* 무방비한 적 공격한다는 것은 승리의 비결 중의 하나이다. 제2차세계대전 때 조그만 일본이 태평양(太平洋)에서 전쟁 초기에 기선을 제할 수 있었던 것은 무방비 상태의 미국을 진주만(眞珠灣)에서부터 공격하기 시작하였기 때문이다. 무방비 상태에서 당한 공격의 피해를 만회하기 위하여 미국은 얼마나 큰 희생을 치뤘는지 모른다. 그리고 적에 대한 공격은 불의의 방법을 써야 한다. 뜻하지 않은 곳이나 뜻하지 않은 방법을 이용하여 적을 공격하면 적은 제대로 방위할 겨를이 없기 때문이다. 제2차세계대전 말기의 노르망디상륙작전, 6·25사변 당시의 인천상륙작전 같은 것이 모두 적의 불의를 찔러 성공을 거둔 보기이다. 적이 예상하고 있는 곳으로 예상하고 있는 방법을 써서 공격하여 승리를 거둘 수는 절대로 없다고 생각하여야 할 것이다.

17.

이것들이 병가(兵家)가 승리를 얻는 비결이니, 먼저 이것이 적에게 전하여져서는 안 된다.

此兵家之勝, 不可先傳也.

- 勝(승) : 승리의 비결, 승리하는 방법.
- 傳(전) : 적에게 그 방법이 알려지는 것.

* 이상 얘기한 14가지 항목이 전쟁을 함에 있어 사용하여야 할 「속이는 수단(詭道)」인 것이다. 이러한 방법을 사용하지 않고서는 전쟁을 유리하게 이끌 수가 없는 것이다. 전쟁이란 수많은 사람들과 엄청난 재물의 희생이 전제가 되는 것이기 때문에, 어떤 수단을 써서라도 간단히 적은 희생을 치루고 끝맺는 게 올바른 방법이다. 따라서 전쟁에 임하는 사람들은 앞에 든 14가지 「속이는 수단」을 잘 이용하지 않으면 안 된다. 그런데 아무리 교묘하고 유리한 전략이라 하더라도 그것이 먼저 적에게 알려진다면 아무런 효과도 발휘하지 못한다. 전략은 절대 비밀이 보장되어야 한다. 현대에 있어서는 전쟁을 하기도 전부터 적성국가(敵性國家)와의 사이에 실제 전쟁 못지 않게 치열한 첩보전(諜報戰)이 벌어지는 것은 그 때문이다. 첩보전에 진다는 것은 자기네 전략이나 실정이 전부 적에게 알려지는 반면, 자기

들은 「속이는 수단」에 넘어갈 것을 뜻하므로 전쟁을 시작하여보았자 질 것은 빤한 일이다. 따라서 전략은 적에게 먼저 알려져서는 안되며 그것을 막기 위하여는 부하들이나 외부의 자기편 사람들에게도 쓸데 없이 얘기해서는 안되는 것이다. 그래서 「위료자(尉繚子)」라는 병서에서도,

「군사를 다스리는 사람은 땅속에 비장(秘藏)된 것과 같고 하늘 위 구름 속에 감싸인 것 같다가도 아무것도 없는 데서 생겨나도록 하는 것이다.」(兵談)고 하였다. 전략은 「아무것도 없는 데서 생겨나듯」 가슴속에 숨겨두었다 임기(臨機)하여 쓰여져야 하는 것이다.

18.

싸우기도 전에 전략회의를 하여 승리를 거두는 것은 전략이 훌륭했기 때문이다. 싸우기도 전에 전략회의를 하여 승리를 거두지 못하는 것은 전략이 졸렬했기 때문이다. 전략이 훌륭하면 승리하고, 전략이 졸렬하면 승리하지 못하는 데 하물며 전략을 세우지도 않은 경우에랴! 나는 이런 것으로 보아 승부를 예견한다.

夫未戰而廟算, 勝者得算多也. 未戰而廟算, 不勝

者得算少也.

多算勝, 少算不勝, 而況於無算乎! 吾於此觀之, 勝負見矣.

- 廟算(묘산) : 옛날 작전회의는 임금을 모시고 대신들이 종묘에 모여 앉아 개최하였다. 작전회의를 종묘에서 개최하여 승리를 산정(算定)하였대서「작전회의」를 묘산이라 부른다.
- 多(다) : 훌륭한 것, 少(소)는 그 반대로 졸렬한 것.
- 況(항) : 하물며, 항차(況且).

*「오자(吳子)」에도,

「감히 개인적인 계책을 믿지 아니하고 반드시 조상의 묘(廟)에 고하며 거북점을 쳐서 길흉(吉凶)을 묻고 천기와 시절을 참작하여 길하여야만 곧 군사를 일으키는 것이다.」(圖國)고 말하고 있다. 옛날의 임금들은 자기 생각에 의하여 전쟁을 시작하지 않고 반드시 종묘에 제사 지내며 조상들에게 전쟁에 관하여 고하고 그 조상들 영전에서 큰 거북 껍질을 불로 지져 점을 쳤다. 그 점이 길하면 날씨와 계절을 참작하여 적당한 시기에 군사를 일으킨다. 이에 앞서 임금은 반드시 대신 또는 장수들을 종묘에 모아놓고 작전 계획을 짠다. 이러한 의식은 임금이 백성들의 생명이나 재산을 가벼이 여기고 함부로 전쟁을 시작하는 것이 아님을 보여주기 위한 것일 것이다.

이「묘산(廟算)」은 조상을 숭배하는 유가적인 효도의 표현이기도 하겠지만 한편 신의 보호와 도움을 비는 의식도 될 것이다. 옛날의 전쟁은 비, 바람, 안개, 햇빛 모두가 크게 영향을 끼쳤기 때문에 신의 보호를 비는 마음 더욱 간절했을 것이다. 신이 자기편을 돌보아주신다고 믿을 때 군사들은 사기(士氣) 백배하여 용감해지고 굳게 단결할 것이다.

손자
제2권

2. 전편戰篇

　보통 판본엔 「작전편(作戰篇)」으로 되어 있다. 「작전」이란 전쟁을 행한다는 뜻이다. 이 편에서는 앞의 「계편」에서 세운 작전 계획에 의하여 실지로 전쟁을 어떻게 수행하면 되는가를 논하고 있다. 물론 전쟁이란 여러 다른 곳에서 다양한 방법에 의하여 수행되는 것이어서 모든 경우의 전쟁 방법을 다 얘기하기는 곤란하다. 여기서는 원칙적인 방법을 얘기하고 있어서 이것을 여러 가지로 응용할 수 있도록 연구하여야만 할 것이다.

1.

손자가 말하였다.

모든 군사를 쓰는 방법은 치거(馳車) 천 대와 혁거(革車) 천 대와 갑옷 입은 군사 10만에다 천리에 식량을 수송할 수 있어야 한다. 그리고 나라 안팎에 쓰이는 비용과 사절(使節)들에게 쓰이는 돈, 활과 화살, 갑옷, 투구를 만드는 데 쓰이는 아교(膠)와 옻칠(漆)의 재료비, 수레와 갑옷 등에 드는 비용 등 하루 천금(千金)의 비용을 써야 한다. 그런 뒤에야 10만의 군사들을 동원할 수 있는 것이다.

孫子曰, 凡用兵之法, 馳車千駟, 革車千乘, 帶甲十萬, 千里饋糧. 內外之費, 賓客之用, 膠漆之材, 車甲之奉, 日費千金. 然後十萬之師擧矣.

- 馳車(치거) : 네 마리의 말이 끄는 공격용 쾌속 전차(戰車).
- 駟(사) : 네 마리의 말. 한 대의 수레를 네 마리의 말이 끌므로 수레의 대수를 세는 데 쓰는 양사(量詞)로 사용한 것이다.
- 革車(혁거) : 수레에 소가죽을 댄 장갑차(裝甲車),「치거」보다 빠르지 못하며 주로 방위용으로 쓰였다.
- 帶甲(대갑) : 갑옷을 입은 군사, 곧 완전무장한 군인.
- 餽(궤) : 饋(궤)와 같은 글자로서「음식을 공급하는 것」.
- 糧(량) : 식량.
- 賓客(빈객) : 나라의 손님. 나라를 찾아오는 유세가(遊說家), 또는 외국의 사절 등을 가리킨다.
- 膠漆(교칠) : 아교와 옻칠. 이것은 활이나 화살, 또는 갑옷과 투구를 만드는 데 쓰이는 자료의 일부를 가리킨 것이다.
- 師(사) : 군사, 군대.

* 옛날 군대에 있어서 전차나 장갑차는 말이 끌기는 하였지만, 군대 기동력(機動力)의 중심을 이루는 것이었다. 그리하여 이러한 수레들에는 한 대당 각각 일정한 수의 보병이 배속되었었다. 치거(馳車) 한 대에는 각각 75명, 혁거(革車) 한 대에는 각각 25명의 보병이 배속되었다 한다. 치거와 혁거가 각 천 대라면 꼭 10만의 군사가 된다.

전쟁을 하기 위하여는 우선 전쟁 준비가 충분히 되어 있어야 한다. 한 나라라면 적어도 공격용 전차 천 대와 수비용 전차 천 대에다 10만 정도의 무장한 병력이 있어야 한다. 그리고 먼 거리에 있는 이들에게 보급을 할 수 있는 능력이 있어야 하며, 전시 비용으로 하루 천금 정도를 쓸 수 있는 재력(財力)이 있어야 한다. 그러한 재력이 없으면 그 군대로 군사들이 모여들지 않을 것이며 전쟁을 지탱해 나가지도 못할 것이다.

제2차 세계대전 때에 미국을 비롯한 연합군이 승리를 할 수 있었던 가장 큰 원인은 전쟁을 뒷받침하는 경제력의 우세일 것이다. 미국만 하더라도 하루 천금이 아니라, 수천 수만금의 돈을 전쟁에 소비하였을 것이다. 경제력이 있어야만 전쟁을 오래 지속할 수 있고 보급과 무기의 발전을 원활히 하여 작전을 도울 수 있는 것이다. 일본이 아무리 광신적(狂信的)이라 할 만한 애국심에 의하여 정신무장이 되어 있었다 하더라도 경제력을 비교해 볼 때 미국의 적수가 될 수 없었던 것이다.

2.

그다음 전쟁을 함에 있어서는 승리가 귀중하다. 오래 계속되면 군사들이 둔해지고 예기(銳氣)가 꺾이며 성을 공격한다 하더라도 힘이 모자라게 되고, 오랫동안 군대를 전쟁터에 놓아두면 곧 나라의 비용이 부족하게 된다.

其用戰也貴勝. 久則鈍兵挫銳, 攻城則力屈, 久暴師則國用不足.

- 貴勝(귀승) : 승리를 귀중히 여긴다. 그러나 앞뒤 문맥으로 보아 전쟁은 「조속한 시일 내에 승리하는 것이 귀중하다」는 뜻이다.
- 鈍兵(둔병) : 무기의 끝이나 날을 둔하게 만든다. 뜻이 전(轉)하여 「군사들의 사기를 저하시키어 싸우려는 의욕을 둔하게 만든다」는 뜻.
- 挫銳(좌예) : 군사들의 예리한 기개(氣蓋)를 꺾는다는 뜻.
- 力屈(역굴) : 힘이 굽히어진다. 힘이 모자라게 된다는 뜻.
- 暴師(폭사) : 군대들을 전쟁터에서 야영(野營)케 하는 것.

* 전쟁은 하루 속히 끝내야 한다. 아무리 의로운 목적으로 일으킨 전쟁이라 하더라도 전쟁에는 수많은 인명피해와 재산의 손실이 따르는 것이므로 하루라도 속히 끝맺는게 좋은 것이다.

전쟁이 오래 가면 군사들이 지치고 병이 나 사기를 잃는다. 그리고 군사들이 오랫동안 자기 생업을 버리고 전쟁에 종사하게 됨으로 나라 안이 황폐해지고 재력이 결핍되게 된다. 극도로 나라의 생산력이 저하되고 재력이 결핍되게 되면 전쟁에는 결정적인 패배를 하지 않는다 하더라도 나라를 망치는 원인이 되기도 한다. 수십만의 병력을 동원하여 서기 611년부터 614년 사이 여러 차례 고구려를 정벌하다 실패했던 수(隋)나라의 양제(煬帝)가 그 좋은 본보기라 할 것이다. 수나라는 첫해엔 2월에 군사를 일으키어 전쟁을 오래 끌다가, 7월달에 고구려 장수 을지문덕(乙支文德)에게 살수(薩水) 싸움에서 크게 패하여 돌아갔고, 그 다음 해와 다음 다음 해도 수나라 양제는 대군으로 고구려를 침략하였으나 실패하고 돌아갔다. 이 때문에 수나라는 나라의 재정(財政)이 바닥나고 생산력은 줄어들어 민심이 어지러워졌다. 수나라가 몇 년 뒤에 당(唐)나라에 멸망당한 원인이 바로 여기 있었던 것이다. 따라서 현명한 장수일수록 전쟁을 하루 속히 끝내는 방법을 채택하려 든다. 6·25사변 때 맥아더 장군이 압록강 이북까지도 폭격을 하자고 주장하였던 것은 전략가로서는 뛰어난 인재였음을 증명하는 것이다.

3.

무릇 군사들이 둔해지고 예기(銳氣)가 꺾이며 힘이 모자라게 되고 재물이 바닥나게 되면, 곧 제후들이 그 피폐(疲弊)한 틈을 타고 들고 일어날 것이다. 비록 지혜 있는 사람이 있다 하더라도, 그 뒤처리를 잘할 수가 없을 것이다.

夫鈍兵挫銳, 屈力殫貨, 則諸侯乘其弊而起. 雖有智者, 不能善其後矣.

・殫貨(탄화) : 나라의 재화가 다하는 것. 재정(財政)이 들통나

는 것.
- 弊(폐) : 지친 것. 피폐한 것.
- 後(후) : 뒤처리.

* 군사들이 싸움에 지쳐 힘이 빠지고 나라의 재정이 말라 버리면, 이웃의 여러 나라들은 이 틈을 타 그 나라를 침략하려 들기 쉽다. 전쟁이란 대 파괴(大破壞)이므로 아무리 크고 부유한 나라라 하더라도 오랫동안 전쟁을 하다 보면 나라가 황폐해지고 재정이 말라 버린다. 이런 틈에 다시 약한 나라가 달려들면 그 나라는 꼼짝 없이 멸망당하고 말 것이다. 이렇게 되면 아무리 지혜 있는 사람이 나라를 다스린다 하더라도 사태를 제대로 수습하는 수가 없다.

「오자」에서,

「그러나 전쟁에 이기기는 쉽지만 승리를 지키기는 어렵다.」(圖國)

「다섯 번 싸워 이기는 나라는 재난을 당할 것이며, 네 번 싸워서 이기는 나라는 피폐할 것이며, 세 번 싸워서 이기는 나라는 패자(覇者)가 될 것이며, 두 번 싸워서 이기는 나라는 왕자(王者)가 될 것이며, 한 번 싸워서 이기는 자는 제왕(帝王)이 될 것이다. 그래서 자주 싸워 이김으로써 천하를 얻었던 사람은 드물지만 그럼으로써 망한 자는 많다.」(圖國)

고 말한 것도 손자와 같은 뜻으로 한 말이다. 전쟁은 부득이 할 때, 곧 참고 참다가 견딜 수 없을 때나 할 것이지, 자주 할 게 못된다. 부득이

해서 한두 번 전쟁을 하면 적국을 쳐부수고 천자는 왕자가 될 수 있지만 전쟁을 좋아하는 사람은 아무리 싸울 때마다 승리한다 하더라도 여러 번 싸울수록 전쟁이 가져다 준 폐해 때문에 스스로 멸망하고 만다는 것이다.

따라서 전쟁은 여러 번 할 것은 절대로 못되며, 단 한 번 한다 하더라도 되도록이면 짧은 기일 내에 전쟁을 끝맺어야 한다는 것이다.

4.

그러므로 전쟁이란 싸우는 방법이 졸렬하더라도 속히 끝맺는 게 좋다는 말은 들었어도, 싸움은 교묘히 하면서도 오래 끄는 게 유리한 경우는 본 일이 없다. 전쟁을 오랫동안 하는 데도 나라에 이로웠던 예는 있은 일이 없다.

故兵聞拙速, 未覩巧之久也.
夫兵久而國利者, 未之有也.

- 拙速(졸속) : 전략이나 싸우는 방법은 졸렬하면서도 속히 전쟁을 종결짓는 것.
- 覩(도) : 보다.

＊ 손자의 「졸속(拙速)」은 현대 전략과도 부합되는 이론이다. 일단 전쟁이 시작되면 전략을 충분히 검토할 시간 여유가 없다. 몇 분 몇 초 사이에 지휘자는 어떤 사태에 대하여 결단을 내리지 않으면 안 된다. 전쟁이 터진 뒤의 지휘자의 결단은 약간 전략적으로 졸렬한 결단이라 하더라도 1초라도 빨리 내리어 전쟁을 종결짓는 방향으로 끌고 가지 않으면 안 된다. 아무리 교묘한 전략이라 하더라도 전쟁에 응용하는 시간이 더디면 졸렬한 것보다는 나쁘다. 특히 현대에 올수록 상대방의 동태는 매우 유동적이며, 그 유동적인 사태에 대하여는 초를 다투는 빠른 결단을 필요로 하고 있다. 전쟁을 오래 끌수록 국민의 생명과 재산의 희생이 커진다는 이유를 덮어두고 순전한 전쟁 수행 방법 자체만을 놓고 보더라도 「졸속(拙速)」이 「교구(巧久)」를 이기는 방법인 것이다. 날이 갈수록 전쟁은 속전즉결(速戰即決)의 방향으로 기울어지고 있다.

　전쟁은 오래 끌수록 패한 나라는 물론 승리한 나라까지도 불리하다. 짧은 기간에 끝낸 전쟁은 승리한 나라에 수지(收支)가 맞을 수도 있지만, 오랜 기간을 두고 싸운 전쟁은 승리를 한다 해도 얻는 것보다 잃는 게 훨씬 많게 된다. 제1차 세계대전 직후의 유럽 여러 나라의 경우를 보더라도 승리한 나라나 패배한 나라나 모두가 전쟁에 바친 희생 때문에 재정의 결핍과 생산력의 저하 및 사회의 혼란으로 어지럽기 짝이 없었다.

5.

그러므로 전쟁의 해를 다 알지 못하는 자는, 곧 전쟁의 이점도 다 알 수 없을 것이다.

故不盡知用兵之害者, 則不能盡知用兵之利也.

• 盡(진) : 다, 자세히, 소상히.

* 전쟁이란 싸워서 얻는 이익 못지 않게 손실도 크다. 아무리 우수한 장수라 하더라도 승리하기 위하여는 많은 부하들을 희생시켜야 하고 엄청난 군비(軍費)를 써야만 한다. 그리고 전쟁에 동원되는 인원 때문에 나라의 생산업이 크게 위축되고 국민생활에 혼란이 일어난다. 또 얼마나 넓은 평화스럽던 땅이 전화(戰禍)를 입는지도 모른다. 그래서 전쟁을 하는 사람은 전쟁을 통하여 얻어지는 이익 못지 않게 전쟁의 피해를 생각하여야 한다.

그래서 「육도(六韜)」에서도,

「그러므로 성왕(聖王)들은 전쟁을 흉기(凶器)라 말하면서 부득이 하여야만 하였다.」

고 하였다. 전쟁이란 국가와 백성들 또는 천하의 정의를 위하여 부득이 할 때만 일으키는 것이라는 뜻이다.

그래서 전쟁의 피해를 잘 알지 못하는 자는 전쟁의 이점도 잘 알 수가 없다고 한 것이다. 전쟁의 이점을 잘 알지 못한다는 것은 전쟁을 올바로 이해하지 못한다는 뜻이 된다.

6.

용병(用兵)을 잘하는 사람은 백성들을 두 번 이상 병역에 동원하지 않으며, 식량은 여러 번 수송하게 하지 않는다. 경비는 나라에서 가져다 쓰지만 적으로부터 식량을 구한다. 그러므로 군대의 식량이 풍족할 수 있는 것이다.

善用兵者, 役不再籍, 糧不三載, 取用於國, 因糧於敵, 故軍食可足也.

- 役(역) : 병역, 또는 전쟁에 나가 일하는 것.
- 再籍(재적) : 두 번 징집(徵集)하는 것. 적(籍)은 징집하는 문서에 이름을 올리는 것.
- 三載(삼재) : 세 번 수레에 실어 보내는 것. 여기의 삼(三)과 앞의 재(再)는 꼭 세 번과 두 번이 아니라, 모두 두 번 이상 여러 번을 가리킨다.
- 取用(취용) : 취하여 쓰는 것, 전쟁의 비용을 쓰는 것.

* 한 사람을 두 번 이상 전쟁에 끌고 나가지 않는다는 것은 징집을 공평히 한다는 뜻도 되겠지만, 앞에서 얘기한 것처럼 전쟁을 속히 끝맺는 것도 뜻한다. 전쟁이 오래 계속되어 사태가 불리해지면 자연히 제대한 사람이나 나이 많은 사람들까지도 다시 전부 동원하여야만 병력을 충당할 수 있게 된다. 제2차 세계대전 말기 일본이 망해 갈 무렵, 그들은 재향군인들뿐만 아니라 한국인 학생들까지도 전부 전쟁에 동원하였고, 나이 많은 사람들은 전쟁 동원으로 말미암은 생산의 저하를 막기 위하여 전부 보국대(報國隊)란 명목 아래 끌고 갔었다.

전쟁이 시작되면 양편에선 서로 적에게 편리한 숙소나 식량을 공급하지 않기 위하여 「청야(淸野)」를 한다. 「청야」란, 우물 물을 메워 급료수에 곤란을 받게 하며 민가들을 불태워 숙박할 장소를 없애며 식량을 전부 모아 가져 가거나 불태워 버리는 것이다. 따라서 보통 방법으로는 적으로부터 식량을 구하기란 쉬운 일이 아니다. 훌륭한 장수들은 언제나 적의 불의를 쳐서 적을 쉽사리 공격하기도 하지만, 한편 거기에서 많은 식량이나 군수물자를 얻기도 한다. 적으로부터 식량을 공급받을 수 있는 장수란 틀림없이 전쟁을 승리로 이끌 수 있는 장수가 될 것이다.

7.

나라가 전쟁 때문에 가난하여지는 것은 먼 곳까지 물자를 수송하기 때문이다. 먼 곳까지 물자를 수송하면 백성들이 가난해진다.

國之貧於師者, 遠輸. 遠輸則百姓貧.

- 師(사) : 군대. 여기서는 전쟁.
- 輸(수) : 군수품을 수송하는 것.

* 전쟁이란 대 파괴인 동시에 대 낭비인 것이다. 만약 외국과 전쟁을 할 때 적으로부터는 아무런 군수품을 빼앗아 현지 조달하지 못하고 모든 것을 자기 나라로부터 가져다 쓰면 나라는 도저히 그러한 전쟁을 지탱하지 못한다. 온 나라가 가난해지는 것은 말할 것도 없다.

그러나 근대로 오면서 전쟁의 보급은 적에게서 기대하기가 점점 어렵게 되어가고 있다. 적을 공격하는 방법도 발달하였지만 적이 방어하는 방법도 발달하였다. 그것은 옛날의 전쟁보다도 전쟁이 더욱 잔인한 파괴를 뜻하게 되었음을 의미하는 것이다. 다행히 수송 수단이 발달하여 먼 곳까지의 보급도 큰 문제가 되지는 않게 되었다. 그러나 옛날의 전쟁이 지금의 전쟁에 비하여, 그 파괴 규모나 사람들의 희생이 훨씬 적었음에도 성현들은 말할 것도 없고 모든 병가(兵家)

들까지도 전쟁을 경계하였다. 심지어 묵자(墨子) 같은 철저한 비전론(非戰論)자도 있었지만 모든 사람들이 전쟁은 만부득이 할 때 참고 또 참다가 도저히 참고 있을 수가 없게 되었을 때 일으키는 것이라 하였다. 현대 전쟁은 옛날 전쟁에 비하여 수십 수백 배의 파괴와 방비를 의미하게 되었고, 심지어는 인류의 전멸까지도 의미하는 단계에 이르렀다. 그러니 우리는 전쟁에 대하여 더욱 반성하고 경계하면서 세계 평화의 길을 모색하여야만 할 것이다.

8.

군영(軍營)에 가까운 곳은 물건 사는 값이 비싸진다. 물건값이 비싸지면 곧 백성들의 재물이 고갈되게 된다. 재물이 고갈되면 백성들은 부역(賦役)의 부담에 다급해진다.

近師者, 貴賣. 貴賣則百姓財竭, 財竭則急於丘役.

- 貴賣(귀매) : 물건 사는 값이 비싸진다는 뜻.
- 急(급) : 다급해지다. 힘들게 되다.
- 丘(구) : 옛날 제도에 의하면, 144가(百四十四家)를 1구(丘), 4구(丘)를 전(甸)이라 불렀으며, 전쟁이 일어나면 1전(甸)에서

군마(軍馬) 4마리, 소 12마리, 전차 1대, 군인 75명을 내도록 하였는데, 그것을 「구전지역(丘甸之役)」이라 불렀다. 군대에 물자나 인원이 부족하면, 군에서는 언제나 구전(丘甸)으로부터 부족한 물자와 인원을 공급받았다.
• 役(역) : 부역(賦役). 전쟁을 위하여 사람의 동원 또는 세금과 물자를 내어주는 것.

* 전쟁이 일어나면 피아(彼我)를 막론하고 온 나라가 큰 피해를 당하게 마련이지만 특히 군대의 주둔지 가까이 있는 백성들은 더 큰 피해를 입는다. 군대는 순전히 물자를 소비하기만 하는 곳이므로 물가가 뛰어오르기도 하겠지만, 또 군대에서는 우선 가까운 지방 백성들로부터 더 많은 물자나 인원의 공급을 받으려 든다.

이러한 상태로 전쟁이 오래 계속되면 군영 가까이 있는 백성들은 도저히 살아나갈 수도 없을 정도의 심한 타격을 받아, 나라 땅이 황폐하여질 것이며, 그러한 심한 타격을 받는 지방이 넓어질 것이다. 그리하여 결국은 전쟁에 이긴다 하더라도 나라는 망하게 된다. 군대란 그처럼 무서운 것이니, 나라의 백성들의 재물을 고갈시키는 전쟁은 하루 속히 끝내야 한다는 뜻이 된다.

9.

중원(中原) 땅에 힘이 모자라고 재물이 다하게 되면, 백성들의 집은 텅 비게 되며, 백성들의 비용은 10분의 7까지 빼앗기게 된다.

力屈財殫中原, 內虛於家, 百姓之費, 十去其七.

- 中原(중원) : 황하 유역 지방의 제(齊), 노(魯), 진(晋), 송(宋) 등 옛 중국 문화의 중심지.
- 十去其七(십거기칠) : 열 중에 일곱은 달아난다. 10분의 7을 써 버린다.

* 전쟁이 오래 계속되면 백성들의 생활도 곤경에 빠진다. 우선 경제적으로 핍박하여지는데 백성들이 버는 경비나 재물의 10분의 7을 전비(戰費)로 빼앗기게 된다는 것이다. 수입의 10분의 7을 전쟁에 바치고 나면 백성들은 입에 풀칠하기도 바쁠 것이다. 실제로 제2차 세계대전 때에 영국은 상속세(相續稅)와 전시세(戰時稅)로 국민의 재산과 소득의 5분의 3까지를 나라에서 징수했었다 한다.

경제적인 뒷받침 없이 전쟁을 지속해 나갈 수는 없는 일이다. 경제적인 뒷받침은 바로 그 군대의 전투력과 직결된다. 더욱이 전쟁에 승리를 한다 하더라도 전후의 경제건설은 무엇보다도 중요한 일이다. 경제건설을 통하여 그 나라의 산업과 국민이 하루 속히 평화시대로 되돌아갈 수 있을 것이기 때문이다. 따라서 전쟁은 하루 속히 끝을 맺어 국민소득의 10분의 7까지가 전비에 충당되는 일이 없도록 하여야 하며, 그래야만 전후의 복구 사업도 순조로울 것이다.

10.

나라의 비용도 군사들이 깨어지고 말이 지치고 갑옷, 투구, 활, 화살과 갈래진 창, 방패, 긴 창, 큰 방패와 큰 소, 큰 수레 등이 10분의 6이 소모된다.

公家之費, 破軍罷馬, 甲冑弓矢, 戟楯矛櫓, 丘牛大車, 十去其六.

- 公家(공가) : 지금의 「국가(國家)」와 같은 말.
- 軍(군) : 보통 거(車)로 된 판본이 많으나, 뒤에 다시 「대거(大車)」가 나오므로, 고본의 군(軍)자가 옳을 것 같다.
- 罷(피) : 疲(피)자와 뜻이 통하여, 말이 「병들고 지치는 것.」
- 弓矢(궁시) : 활과 화살. 보통 판본엔 「大弩(대노)」 또는 「矢弩(시노)」로 되어 있으나, (弩는 「쇠뇌」) 고본 쪽이 옳을 것 같다.
- 戟(극) : 끝이 갈래진 창, 길이는 2장4척(二丈四尺)의 것과 1장2척(一丈二尺)의 짧은 게 있었다.

- 楯(순) : 盾(순)으로도 쓰며 「방패」.
- 矛(모) : 창. 길이가 2장(二丈)되는 보통 창.
- 櫓(노) : 수레 위에서 쓰는 큰 방패.
- 丘(구) : 큰 것. 丘牛(구우)는 큰 소. 그러나 옛날엔 1구(144호)에서 세 마리씩 바쳤으므로, 「백성들이 바친 소」의 뜻으로 풀이하는 이도 있다.

* 전쟁이 얼마나 심한 낭비인가를 지적한 말이다. 전쟁을 하기 위하여 나라에서는 막대한 돈을 써가며 군비(軍備)를 갖춘다. 옛날에는 수레나 활과 창 같은 정도였지만, 현대에는 각종 화기(火器)와 자동차, 전차, 비행기, 군함 같은 것이 있다. 이러한 장비들이 전쟁을 치루고 나면 10의 6정도는 손실되고 만다는 것이다. 이 장비나 무기들은 그 자체만이 손실되는 것은 아니다. 이들 장비와 무기는 그 하나가 얼마나 많은 인명과 재산을 파괴하고 손실되는 것인지 모른다. 따라서 전쟁의 피해는 막심한 게 된다.

여기의 10분의 6이란 이들 장비와 무기를 갖추기 위하여 소요되는 국가 예산의 비율로 볼 수도 있다. 한 나라가 전쟁을 준비하기 위하여는 전 예산의 10분의 6정도는 소비한다. 실제로 전쟁을 수행할 때에는 더 심한 비율의 예산이 전비(戰費)로 쓰일 것이다.

11.

그러므로 지혜 있는 장수는 적의 식량을 먹기에 힘쓴다. 적의 식량 1종(鍾)을 먹는 것은, 우리 식량 20종(鍾)에 해당한다. 적의 콩깍지와 짚 1석(石)을 말에게 먹이는 것은, 우리 것 20석(石)에 해당한다.

故智將務食於敵. 食敵一鍾. 當吾二十鍾. 萁秆一石. 當吾二十石.

- 鍾(종) : 곡식의 양을 헤아리는 단위. 육곡사두(六斛四斗)가 1종(鍾)이다. 1곡(斛)은 10말(斗)임.
- 萁(기) : 其(기)와 같은 자로서 「콩깍지」.
- 秆(간) : 秆(간)으로도 쓰며 「볏짚」. 콩깍지와 볏짚은 군마(軍馬)에 먹이는 먹이이다.
- 石(석) : 여기서는 무게의 단위. 30근(斤)이 1균(鈞)이며, 4균(鈞)이 1석(石)이다. 따라서 1석(石)은 120근(斤)의 무게임.

* 중국의 여러 병가들 중에서도 특히 손자는 경제적인 문제를 무엇보다도 중히 다루고 있다. 경제적인 뒷받침 없이 전쟁을 할 수는 없다는 것을 감안할 때, 이러한 손자의 태도는 지극히 당연하다 할 것이다.

군량은 적의 것을 빼앗아 먹는 게 매우 중요하다. 왜냐하면 한 가마의 곡식을 후방으로부터 전쟁터까지 수송하는 데에는 그 몇십 배의 노력과 비용이 들기 때문이다. 그래서 지혜 있는 장수는 적으로부터 식량을 구하여 먹기에 힘쓴다고 한 것이다.

여기서는 식량만을 보기로 들고 있지만 모든 군수품이 그러하다. 현대전에 있어서는 기름이나 탄약 같은 군수물자들을 적으로부터 구하여 쓰는 것도 전쟁을 수행하는 데 큰 도움이 된다.

12.

그러므로 적을 죽이려면 노여움을 불러 일으켜야 하며, 적의 이익을 탈취하려면 상을 주어야 한다.

故殺敵者怒也, 取敵之利者貨也.

- 怒(노): 노여움. 적개심(敵愾心)을 불러 일으킴.
- 貨(화): 재물. 여기서는 「상여(賞與)」를 뜻한다.

* 적을 쳐부수고 적군을 죽여버리어 전쟁을 속히 끝내려면 군사들의 적개심을 북돋아 주어야 한다. 적개심이 있어야 군사들은 앞뒤도 돌보지 않고 용감히 싸워 적을 무찌를 수 있다. 적개심 없는 군사들은 적을 공격하지 못한다.

적의 이익이란, 적의 땅과 양식과 무기 등은 물론 적에 관한 정보나 비밀 지도, 작전 계획 등 모든 것을 말한다. 이러한 전쟁에 유리한 물건들을 적으로부터 빼앗아오는 사람에게는 상을 주어야 한다는 것이다. 상이란 상금뿐만 아니라 계급의 특진이나 훈장 같은 것, 모든 것을 뜻한다. 이러한 상을 주어야만 군인들은 사기 백배하여 적중으로 들어가 이러한 물건들을 가져온다.

군사들의 사기를 북돋음으로써 적을 죽인다는 말은, 앞에서 말한 손자의 전쟁 도덕에 어긋난다고 생각하기 쉽다. 군사들의 적개심을 돋구어 적을 죽이게 만든다는 것은, 어질지 못한 행동처럼 느껴지기 쉽기 때문이다. 그러나 일단 전쟁이 벌어지면 군사들로 하여금 용감히 싸워 하루 속히 승리를 거두도록 하는 것이 가장 어진 방법이다. 그래서 손자는 군사들의 적개심을 북돋아 주어 용감히 싸우도록 만들고 많은 상을 주어 잘 싸우도록 사기를 돋구어 주어야 한다고 말한 것이다.

13.

전차전(戰車戰)에 있어서 적의 수레 열 대 이상을 노획(鹵獲)하거든, 그들을 가장 먼저 노획한 자에게 상을 준다. 그리고 적의 수레의 깃발을 우리 것과 바꾸고, 그 수

레는 우리 수레 속에 섞어 끼워 타게 하며 거기에 타고 있던 적병들은 잘 먹여준다. 이것을 적에게 이김으로써 더욱 강해진다고 말하는 것이다.

車戰, 得車十乘以上, 賞其先得者. 而更其旌旗, 車雜而乘之, 卒善而養之. 是謂勝敵而益强.

- 旌旗(정기) : 수레에 꽂아 놓는 깃발.
- 雜而乘之(잡이승지) : 적의 수레를 우리 수레 사이에 한 대씩 끼워 우리 군사들이 타고 싸우도록 한다는 뜻.
- 善而養之(선이양지) : 수레와 함께 잡은 적병들을 잘 대우하고 급양(給養)함으로써, 마음을 돌려 아군을 위하여 싸우도록 만든다는 뜻.

* 공을 세운 군사에게 상을 주는 데 있어서도 그 방법이 있다. 예를 들면, 한 번 싸움에서 열 대의 적의 전차를 노획하였다면 열 대 중에서도 가장 먼저 전차를 노획한 군사에게 상을 주라는 것이다. 전쟁에 있어서는 선봉이 가장 중요하다. 똑같이 진격을 한다 해도 남의 뒤를 따라가는 것은 앞서 가기보다 쉽다. 열 대의 전차를 노획하는 데 있어 가장 먼저 전차를 노획한 군사는 앞장을 섬으로써 다른 군사들에게 나머지 전차들을 노획하도록 사기를 북돋아 준 셈이 된다. 그래서 가장 먼저 노획한 사람에게 상을 주라고 한 것이다.

빼앗은 적의 전차는 표지만 아군의 것으로 바꾸어 우리가 이용해야 한다. 전차뿐만 아니라 전차에 타고 있던 적병들까지도 잘 대우하여 우리 편으로 마음이 돌아서도록 만들어야 한다. 이처럼 적의 물자와 적의 군사들을 이용할 줄 알아야만 승리할 수 있고 그 군사는 강해진다는 것이다. 이처럼 적의 것을 이용할 줄 모르는 군대는 아무리 잘 싸운다 해도 희생은 불가피한 것이므로 승리할수록 약해지는 수밖에 없다.

14.

그러므로 전쟁은 속히 이기는 것이 소중하지만, 오래 싸우는 것은 소중하지 않다.

故兵貴勝, 不貴久.

- 勝(승) : 速(속)자가 위에 하나 더 붙은 것으로 생각하여 「속히 이긴다」고 해석하여야만 문맥이 잘 통한다.

* 앞에서 이미 여러 번 얘기한 것처럼 전쟁은 하루 속히 승리로써 끝맺어야지 오래 끌면 안된다는 것을 결론적으로 다시 한번 강조한 것이다. 아무리 마지막에는 승리를 거둔다 하더라도 오래 끄는 전쟁

은 존중할 게 못된다. 그것은 적국은 물론 우리나라에도 막대한 인명의 손실과 물자를 가져올 것이기 때문이다.

15.

그러므로 전쟁을 아는 장수란, 백성들의 생명을 맡을 사람이요, 국가의 안위(安危)를 주관하는 사람이다.

故知兵之將, 民之司命, 國家安危之主也.

• 司命(사명) : 생명을 맡아 주관하는 신(神).

* 전쟁에 있어서 장수의 역할은 말할 수도 없이 중대하다. 백성들의 생명은 말할 것도 없고 국가의 운명까지도 모두 장수 한 사람의 손에 달린 꼴이 된다. 장수가 훌륭하면 백성들의 희생을 최소한도로 줄이고 전쟁을 승리로 이끌지만, 장수가 형편 없으면 수많은 사람들의 생명과 재산을 희생시킨 위에 나라까지도 망하게 한다.

오자(吳子)는 장수로서 조심하여야 할 점으로 다음과 같은 다섯 가지가 있다고 하였다. 첫째 많은 사람을 적은 사람 다스리듯 할 것(理), 둘째 문 앞에 적이 있는 것처럼 대비를 할 것(備), 셋째 적을 대할 적에는 살겠다는 생각을 버리고 용감할 것(果), 넷째 비록 승리했다 하더라도 싸우기 시작할 때처럼 경계를 할 것(戒), 다섯째 군법은 간단하고 번거롭지 않게 할 것(約).

그리고 또,

「명령을 받으면 집에 돌아가 작별을 하지 않고 즉시 출발하며 적을 깨치고 난 뒤에야 돌아온 인사를 하는 것이 장수로서의 예이다.」(論將)

「그러므로 군대가 출동하는 날에는 죽어서 영광된 일은 있더라도 살아서 욕되는 일은 없어야 한다.」(論將)는 얘기를 하고 있는 것도 전쟁에서의 장수의 역할이 중요하기 때문인 것이다. 장수는 전쟁의 지휘자이기 때문이다.

손자에 의하면, 장수는 일단 전쟁이 터지면 「졸속(拙速)」의 방법이라 하더라도 전쟁을 빨리 승리로 종결 지어야 한다. 전쟁은 잘 싸우며 오래 하는 것보다도 잘 싸우지 못하여 희생이 좀 나더라도 하루 속히 끝맺어 버려야 한다는 것이다. 따라서 장수는 지혜가 있어야 하고 머리가 기민해야 할 것이다.

손자

제3권

3. 공편攻篇

이 편에서는 적을 공격하는 기본 원리에 대하여 설명하고 있다. 보통 판본은 편명이 「모공(謀攻)」으로 되어 있는데, 내용이 적을 공격하는 계책이라는 데서 붙여진 이름일 것이다.

적을 공격한다는 것은 쉬운 일이 아니다. 특히 만반의 태세를 갖추고 성이나 요새를 지키고 있는 적을 공격하기란 더욱 어려운 일이다. 적의 성이나 요새를 힘으로만 공격하면 적에 비하여 공격하는 편의 손실이 훨씬 클 것이다. 따라서 그러한 방법의 공격은 승리를 거둔다 하더라도 바람직한 게 못된다. 적의 공격은 되도록이면 한 사람의 희생도 생기지 않도록 계책을 써야 한다. 전략적인 계책도 중요하지만 외교적인 술책은 더욱 효과가 있다. 전쟁을 잘하는 군대들은 적의 성을 함락시키기를 빈 성을 차지하듯, 적이 스스로 기세에 눌리어 물러서거나 손들고 나서게 만든다. 손자는 그처럼 계책으로써 적을 공격하는 술법의 기본 원칙을 여기에 논하고 있다.

1.

손자가 말하였다.

모든 전쟁을 하는 방법은 나라를 온전히 하는 것이 최상책(最上策)이고, 나라를 깨치는 것은 그다음이다. 군(軍)을 온전히 하는 것이 최상책이고, 군이 깨쳐지는 것은 그다음이다. 여(旅)를 온전히 하는 것이 최상책이고, 여를 깨치는 것은 그다음이다. 졸(卒)을 온전히 하는 것이 최상책이고, 졸을 깨치는 것은 그다음이다. 오(伍)를 온전히 하는 것이 최상책이고, 오를 깨치는 것은 그다음이다.

孫子曰, 凡用兵之法, 全國爲上, 破國次之. 全軍爲上, 破軍次之. 全旅爲上, 破旅次之. 全卒爲上, 破卒次之. 全伍爲上, 破伍次之.

- 全(전) : 온전히 보전하는 것.
- 軍(군) : 군 부대의 단위. 1만2천5백 명이 1군, 5백 명이 1여(旅), 100명이 1졸(卒), 5명이 1오(伍)로 편성된다.

* 여기에서 나라를 온전히 한다는 것은, 전쟁을 위한 군비 때문에 자기 나라의 재정이 궁핍해지거나 많은 백성들의 생명과 공방전(攻防戰)으로 인한 피해 같은 것을 입지 않는 것을 말한다. 한편 더 나아가서는 우리나라뿐만 아니라 패배시킨 적국에도 치명적인 타격을 주지 않는 것을 말한다. 전쟁에서 자기 나라가 피해를 적게 입는 것이 좋을 것은 말할 것도 없지만, 적국에도 가능한 한 적은 피해를 주고 점령하여야 그 나라의 풍부한 재원을 우리가 이용할 수 있게 되며 적국의 국민으로부터도 크나큰 원한을 사지 않는다. 나라뿐만 아니라 군의 단위 부대도 마찬가지이다. 적을 공격함에 있어 되도록이면 아군의 피해가 없어야 하겠지만, 적에게도 가능한 한 적은 피해를 주고 승리하여야 한다. 그래야 적군 병사들은 물론 적의 군비를 물려받아 아군이 이용할 수가 있는 것이다.

전쟁에 있어서 서로 아무런 피해도 입지 않고 승리를 거두려면 외교적인 절충도 필요하다. 뛰어난 외교적인 수완은 피 한 방울 흘리지 않고도 전쟁을 승리로 이끌 수 있다. 그러한 예는 우리나라 역사에도 있었다.

고려 성종(成宗) 13년(B.C. 994) 거란(契丹)의 대군이 청천강(淸川

江) 가까이까지 침입하여 와서 고려에 압력을 가하면서 황주(黃州) 자비령(慈悲嶺)에서 평양(平壤)을 포함하는 국토의 할양과 국교의 개시를 요구하였다. 당시 고려의 세력은 겨우 청천강 방면까지 이르고 있었고, 그 이북에는 여진족(女眞族)들이 날뛰고 있어서 고려는 기회 있을 적마다 이들을 평정하려 계획하고 있었다.

이럴 때 거란이 침입하여 와서 그러한 요구를 하였으니, 고려 조정은 당황하여 어찌할 바를 몰랐다. 대부분의 대신들은 거란의 요구를 들어주고 강화하려 하였다. 그러나 유독 서희(徐熙) 장군만은 이를 단호히 반대하고, 스스로 나서서 왕명을 띠고 적과 교섭을 해보기로 하였다. 서희 장군은 적장을 찾아가 담판을 벌였다.

「우리는 국호(國號)가 고려이니, 옛 고려(고구려를 뜻함)의 강토를 계승하는 것이 당연하다. 옛 고려의 강토는 요동(遼東)반도에까지 이르고 있었으니, 귀국은 요동 이동의 땅을 우리에게 반환하여 주겠는가? 또 국교의 개시로 말하면, 여진이 중간에 끼여 있어 그들의 방해로 뜻대로 되지 않는다. 국교를 바란다면, 귀국은 여진을 먼저 물리칠 의무가 있지 않은가?」

거란은 서희 장군의 설득에 말문이 막히어 결국 「압록강 이동의 땅은 고려에게 내주되 중간의 여진족은 고려가 쫓아낼 것」이란 타협안을 내놓아 그대로 결정되었다. 고려는 땅을 떼어주기는커녕 싸움 한 번 하지 않고 압록강 이동의 지역을 얻어 안주(安州)로부터 압록강에 이르는 2백80리(里) 사이에 6성(城)을 쌓았다.

이와 같은 서희 장군의 공로야말로 「나라를 온전히 하고 군을 온전히 하고」 승리를 거둔 좋은 본보기라 할 것이다. 옛날 대영제국(大英帝國)은 해지는 날이 없다고 할 정도로 온 세계에 광대한 속방(屬邦)들을 갖고 있었지만, 이 대영제국의 속방 여러 나라들은 모두가 전쟁이란 큰 희생을 치르고 얻어진 것은 아니었다. 나라가 강대해지는 길은 절대로 여러 나라들과 싸워서 그 나라들을 굴복시키는 데 있지 않다. 총 한 방, 피 한 방울 소비하지 않고도 적국을 굴복시켜 나갈 수 있는 계책이 응용되어야만 나라가 정말로 강대해질 수가 있는 것이다.

2.

그러므로 백 번 싸워서 백 번 다 이긴다는 것은 훌륭한 것 중의 훌륭한 것은 못된다. 싸우지 않고도 남의 군사들을 굴복시킬 수 있는 것이 훌륭한 것 중의 훌륭한 것이다.

是故百戰百勝, 非善之善者也. 不戰而屈人之兵, 善之善者也.

• 善之善(선지선) : 선한 것 중의 선한 것, 훌륭한 것 중에서도

훌륭한 것, 잘하는 것 중에서도 가장 잘하는 것.

* 이 말은 앞 대목의 결론에 해당하는 말이다. 전쟁에서 여러 번 이긴다고 해서 반드시 좋은 일은 아니다. 「오자(吳子)」에도 「한 번 싸워서 이기는 자는 제왕(帝王)이 된다」고 하면서도 「다섯 번 싸워서 이기는 자는 재난이 된다」고 하였다. 여러 번 다른 나라와 싸워서 이긴다 하더라도 그만큼 많은 인명과 희생이 뒤따른다. 그리고 외국의 원한을 사게 되므로 여러 번 승리를 할수록 그 반동적인 보복전(報復戰)에 대비하기 위하여 막대한 군비를 유지하며 경계하지 않으면 안 된다. 그리고 그 나라와의 전쟁에서 부형과 재산을 잃은 수많은 사람들이 음으로 양으로 그 나라를 해칠 계교를 꾸밀 것이다.

맹자(孟子)는 「서경(書經)」의 무성편(武成篇)을 평하여 말하기를,

「덕(德)」으로써 부덕(不德)과 싸우고 지혜로써 지혜 없는 자와 싸운다면, 냇물을 이루도록 피를 흘리는 백병전(白兵戰)을 벌일 것도 없이 극히 손쉽게 정복의 공(功)을 올릴 수 있을 것이다.」

고 하였다. 덕 있고 지혜 있는 통치자라면 여간해서 그토록 치열한 전쟁을 하지는 않을 것이라는 것이다.

3.

그러므로 최상의 병법은 적의 계략을 치는 것이고, 그

다음은 적의 외교를 치는 것이며, 그다음은 적의 군사를 치는 것이며, 가장 하급의 방법은 성을 공격하는 것이다.

故上兵伐謀, 其次伐交, 其次伐兵, 其下攻城.

- 上兵(상병) : 가장 상급의 병법(兵法).
- 伐謀(벌모) : 적의 계책을 미리 탐지해 가지고 이쪽의 계책으로, 그 계책을 쳐서 적이 꼼짝 못하고 굴복하게 만드는 것.
- 伐交(벌교) : 적의 나라와 외교를 맺고 있는 여러 나라들을 외교적인 수단으로 달래어서 적과 손을 끊도록 만드는 것. 외교적으로 고립된 나라는 감히 전쟁을 하지 못하고 굴복하고 만다. 특히 전국시대에는 열강(列強)들이 들고 일어나 서로 다투었으므로 나라 사이의 외교는 무엇보다 중요하였다.

* 전쟁은 희생 없이 되도록이면 하루 속히 끝내어야 한다. 전쟁의 목적이 자기 나라의 의사를 상대 나라에 관찰시키는 수단이라면 되도록 한 방울의 피도 흘리지 않고 뜻을 이루는 게 현명한 방법이다. 가능하면 실제로 전쟁을 일으키지 않고서 전쟁의 목적을 달성하도록 하여야 한다.

전쟁을 실제로 치루지도 않고 전쟁의 목적을 달성하는 방법에 두 가지가 있다. 하나는 적의 모든 계략을 알아차리고 거기에 대응하는 계략을 써서 적이 꼼짝도 못하고 굴복하도록 만드는 것이다. 이것이 가장 훌륭한 병법이라는 것이다. 또 하나는 적국을 국제적으로 고립시키는 것이다. 국제적으로 고립되면 아무도 그 나라를 동정하지 않는 반면 그 나라와 싸우는 나라를 도울 것이기 때문에, 절대로 전쟁에 승리하지 못한다. 그러므로 국제적으로 고립된 나라는 자연히 상대방에게 굴복하게 마련이다.

그러나 싸우지 않고는 전쟁의 목적을 도저히 이루지 못할 때 부득이 군사를 동원하여 싸우게 된다. 싸운다 하더라도 적과 비슷한 위치나 더 유리한 위치에서 싸워 이기도록 하여야 한다. 견고한 요새나 성을 쌓고 굳게 지키고 있는 적을 공격하는 것은 전쟁에 있어서 가장 졸렬한 방법인 것이다.

손자의 병법은 노자(老子) 사상의 영향을 적지 않게 받고 있는 듯하다.

노자의 「도덕경(道德經)」을 보면,

「그 평안한 상태는 지탱하기 쉽고, 조짐(兆)이 드러나지 않은 일은 꾀하기 쉽고, 기미(微)가 드러나기 시작한 일은 분산시키기 쉽다. 일은 아직 조짐도 드러나지 않았을 때 처리하며, 정치는 어지러워지지 않았을 때 잘 다스려야 한다.」고 하였다. 손자가 말한 「계책을 친다」는 것은 「조짐이 드러나지 않은 일을 꾀하는 것」이며, 「외교를 친다」는 것은 「기미가 드러나기 시작한 일을 분산시키는 것」이다.

4.

성을 공격하는 방법은 부득이 할 때 사용한다. 큰 방패와 공성용(攻城用) 전차를 수리하고 여러 가지 기구를 갖추는 데는 3개월이 걸린 뒤에야 이루어지며, 흙무더기는 또 3개월이 걸린 뒤에야 이루어지는 것이다.

攻城之法, 爲不得已也. 修櫓轒轀, 具器械, 三月而後成. 距闉, 又三月而後已.

- 櫓(노) : 큰 방패.
- 轒轀(분온) : 성을 공격하는 데 쓰던 전차. 여러 가지 기구가 갖추어져 있었는데, 그 자세한 내용은 알 수 없다.
- 器械(기계) : 성을 공격하는 데 쓰는 여러 가지 기구.
- 距闉(거인) : 성 둘레의 해자를 메우고 흙을 높이 쌓아 올려 성과 맞먹는 높이에서 성을 공격하기 위한 것. 「묵자(墨子)」 비성문편(備城門篇)에서 그러한 공격 방법을 「임(臨)」 또는 「고림(高臨)」이라 하고, 그러한 공격은 「장수 중에도 졸렬한 자들이 한다」고 하였다.

* 앞에서 성을 공격한다는 것은 병법 중에서도 가장 하급의 것이라 하였다. 왜냐하면 성은 적들이 유리한 위치에서 수비하고 있는 것이므로, 그것을 공격하자면 막대한 준비가 필요하다. 성에서 날아오

는 돌이나 화살을 막을 수 있는 큰 방패를 비롯하여 성벽을 부수는 기구, 성벽을 기어오르는 사닥다리가 필요하고 성과 대등한 높이에서 싸울 수 있도록 성 밖에 흙을 그만큼 높이 쌓아야 한다.

「묵자(墨子)」 비성문편(備城門篇)을 보면, 성을 공격하는 방법엔 다음과 같은 12가지 방법이 있다고 하였다.

첫째, 흙을 성 높이 만큼 쌓아 올려 같은 높이에서 공격하는 것(臨).

둘째, 갈구리를 성벽에 걸치고 기어올라가 공격하는 방법(鉤).

셋째, 충거(衝車)라는 큰 쇳덩이를 단 수레로 성벽을 쳐서 부수는 방법(衝).

넷째, 운제(雲梯)라는 사닥다리 달린 수레를 이용하여 성을 공격하는 방법(梯).

다섯째, 성의 사방에 있는 해자를 메우고 흙을 쌓아올려 그것을 이용해서 공격하는 방법(堙).

여섯째, 물길을 막아 성으로 유도하여 물로 공격하는 방법(水).

일곱째, 굴을 파고 성 안으로 들어가 공격하는 방법(穴).

여덟째, 성벽에 구멍을 뚫고 공격하는 방법(突).

아홉째, 성 아래 큰 구덩이를 파 성벽을 무너뜨리고 공격하는 방법(空洞).

열 번째, 개미떼처럼 군사들을 돌격시켜 성벽을 기어오르며 공격하게 하는 방법(蟻傅).

열한번째, 분온(轒轀)이란 여러 가지 기구를 갖춘 장갑차(裝甲車)를 이용하여 공격하는 방법(轒轀).

열두번째, 헌거(軒車)라는 높은 망루(望樓) 같은 게 달린 수레를 이용하여 공격하는 방법(軒車).

이처럼 성을 공격하는 방법은 여러 가지가 있지만, 모두 아군의 많은 희생과 오랜 준비 기간이 있어야만 가능한 것이다. 손자가 말한 것처럼 기구들을 준비하는 데 석 달이 걸리고 다시 흙을 쌓는 데 석 달이 걸린다. 이처럼 도합 6개월이 걸려 준비한 다음에 성을 공격한다 하더라도 꼭 성공한다고 단언하기는 어렵다. 더구나 전쟁은「졸속(拙速)」하여야 한다. 준비하는 데만 6개월이 걸리는 공격이라면 전쟁에 있어서 가장 졸렬한 방법이 아닐 수 없다. 묵자는 성을 공격할 준비를 하느라고 싸우기도 전에「군사들은 지쳐 버린다」고 하였다.

5.

장수가 그의 노여움을 이기지 못하고 개미 떼처럼 성벽에 달라붙어 공격케 하면, 3분의 1의 사졸(士卒)들을 죽이고도 성을 함락시키지 못하는 경우가 있는데, 이것은 공격의 재난인 것이다.

將不勝其忿, 而蟻附之, 殺士卒三分之一, 而城不

拔者, 此攻之災也.

- 蟻附(의부) : 군사들을 돌격시켜 성벽에 개미 떼처럼 달라붙어 기어오르며 공격케 하는 것.「묵자」에는 「의부(蟻傅)」 또는 「아부(蛾傅)」로 되어 있다.
- 拔(발) : 뽑다. 성을 함락시키는 것.

* 장수가 성이 나면 별다른 준비도 없이 힘으로 성을 공격하려 한다.「묵자」의 비아부편(備蛾傅篇)에서도, 성을 군사들로 하여금 무조건 기어오르며 공격케 하는 「아부(蛾傅)」의 방법은 「장수가 성이 났을 때」 쓰는 것이라 하였다. 장수가 성이 난다고 억지로 성을 공격하다 보면, 공격하는 편의 희생은 무척 크다. 손자는 3분의 1의 군사를 죽인다 하였지만 실제로는 그 이상의 군사들을 잃는다. 이처럼 큰 희생을 치루고라도 성을 함락시키면 그래도 다행이지만 희생을 크게 치루고도 성을 함락시키지 못하는 경우가 많다. 그렇게 되면 성의 공격은 나라의 재난으로 변한다. 당(唐) 태종(太宗)이 고구려를 정벌할 때 조그만 안시성(安市城) 하나의 공격을 위하여 치룬 희생은 우리나라 전사(戰史)에서 유명한 얘기이다. 안시성 하나를 공격하느라고 수많은 병력을 희생했고, 그 결과 고구려 정벌이 실패로 돌아갔었다. 이런 것이 공격의 재난이라 할 수 있는 것이다.

6.

그러므로 용병(用兵)을 잘하는 사람은, 적의 군사들을 굴복시키되 맞붙어 싸우지는 않는다. 적의 성을 함락시키되 공격하지는 않는다. 적의 나라를 파괴하되 오랜 전쟁을 하지는 않는다. 반드시 온전함으로써 천하를 다툰다. 그러므로 군대를 손실치 않고서 이익은 완전히 얻을 수가 있다. 이것이 공격을 꾀하는 방법인 것이다.

故善用兵者, 屈人之兵, 而非戰也. 拔人之城, 而不攻也. 毁人之國, 而非久也. 必以全, 爭於天下. 故兵不頓, 而利可全. 此謀攻之法也.

- 毁(훼) : 파괴하다.
- 頓(돈) : 무너지다. 손상하다.

* 그러므로 전쟁을 정말로 잘하는 장수는, 적과 맞붙어 희생자를 내며 싸우지 않고도 적군을 굴복시키고 적의 성을 점령하며 적국을 파괴한다. 그는 자기 나라나 군대를 온전히 유지하면서 전쟁의 목적을 달성한다. 이러한 장수는 전쟁을 통하여 희생을 치르지 않는다. 이것이 공격을 계획하는 데 있어서 기본적인 방법이 된다는 것이다.
「위료자(尉繚子)」에서도,

「군사들을 전장(戰場)에 출동시키지 않고도 이기는 것은 임금의 승리이다.」(兵談)

라고 말하고 있다.

「서경(書經)」대우모편(大禹謨篇)을 보면, 순(舜)임금이 자기 명령을 거스르는 묘족(苗族)들을 우(禹)로 하여금 정벌케 한다. 30일 동안 우는 묘족을 상대로 싸웠으나 별반 성과를 올리지 못한다. 그러자 익(益)의 충고로 순임금은 군사를 다시 불러들인다. 그리고 묘족의 지도자들을 초청해놓고 궁전 섬돌 사이에서 문무(文武)와 무무(武舞)를 감상케 하면서 문화적인 교화를 시킨다. 그렇게 하기 70일 만에 묘족들은 순임금의 덕에 감화되어 스스로 굴복하여 왔다는 것이다.

순임금처럼 문화적인 방법으로 전쟁의 목적을 달성하는 것이 임금으로서는 가장 훌륭한 승리일 것이다. 손자는 노자(老子)의 영향을 많이 받은 듯하지만 윤리(倫理)적인 면에 있어서는 유가의 도덕을 많이 따르고 있다.

7.

그러므로 전쟁을 하는 방법은 10배의 병력이면 적을 포위하고, 5배의 병력이면 적을 공격하고, 2배의 병력이면 적을 협공(挾攻)한다. 맞먹는 병력이면 적과 잘 싸워야 하며, 병력이 적으면 적을 잘 방위해야 하며, 병력이 훨씬 모자라면 적을 잘 피해야 한다.

故用兵之法, 十則圍之, 五則攻之, 倍則分之. 敵則能戰之, 少則能守之, 不若則能避之.

- 十(십) : 병력이 적의 10배가 되는 것, 아래 五(오)와 倍(배)도 마찬가지이다.
- 分之(분지) : 부대를 둘로 나누어 한 부대는 정면에서, 다른 한 부대는 측면(側面) 또는 배후(背後)로부터 공격하는 것.
- 敵(적) : 이「敵(적)」자는 병력이 적과「필적(匹敵)하는 것」, 또는「맞먹는 것」.
- 守(수) : 지키는 것. 수비하는 것. 이 번역의 대본인 일본의「古本孫子」에는「逃(도)」로 되어 있으나 逃는 다음 구절의「避(피)」와 같은 뜻의 글자이므로, 여기에서는 보통 판본을 따랐다.
- 不若(불약) : …… 같지 않은 것. 병력이 적보다 훨씬 적은 것.

* 여기에서는 공격의 원칙을 논하고 있다. 실전에 있어서는 병력뿐만 아니라, 군의 장비라든가 지리적인 조건 및 무기 같은 것도 문제가 되므로 꼭 이대로 되는 것은 아니다. 때에 따라서는 적은 병력으로 대군을 기습(奇襲)할 수도 있다. 그러나 이것은 모두 임기응변의 전쟁 방법이지 공격의 기본 원칙은 아니다.「오자(吳子)」에서

도 「적과 싸움을 하지 않고 피하여야 할 경우」를 여섯 가지 들고 있는데 그 첫째가,

「적의 땅이 광대하고 백성들이 부하고 수가 많을 경우」를 들고 있다. 같은 조건이라면 수많은 적을 도저히 당해낼 수가 없을 것이다.

따라서 적의 10배의 병력을 갖고 있으면 일반적으로는 적을 포위하여 섬멸시킬 수 있다. 그러나 적이 풍부한 보급과 장비를 지니고 높은 성이나 험한 요새지를 차지하고 있다면 10배의 병력으로도 포위하여 이기기 어려울 것이다. 다섯 배의 병력을 갖고 있으면 적을 힘으로 공격하여 쳐부술 수 있다. 두 배의 병력이면 협공이 가능하다. 정면에서 공격하는 이외에 측면이나 배후에서도 공격하면 그것은 기병(奇兵)의 효과가 있어 적은, 수비에 여러 면에서 힘이 분산되고 사기도 저하될 것이다.

적은 병력으로 대군을 깨친 예는 역사에 여러 군데 보이나, 이것은 모험적인 운명을 건 전쟁인 것이다. 병력이 비슷하면 한 번 싸워 볼 만하지만, 병력이 적거나 훨씬 부족하면 물러나 유리한 곳에 의지하여 방위를 하거나 적과의 전쟁을 피하여야 한다는 것이다. 강한 적군에 적은 병력으로 맞붙는다는 것은 죽음을 뜻할 뿐이다.

8.

그러므로 적은 병력으로 굳건히 버티면 대적(大敵)에

게 사로잡히게 될 것이다.

故小敵之堅, 大敵之擒也.

- 小敵(소적) : 적은 병력으로 대적하는 것.
- 堅(견) : 완강히 싸움을 걸 거나 버티는 것.
- 擒(금) : 사로잡히는 것. 포로가 되는 것.

* 병력이 절대적으로 모자라면 유리한 지형이나 시설을 이용하여 수비를 하거나 적과의 싸움을 피하여야 한다. 쓸데 없이 완강히 저항해 보았자, 강한 적 앞에는 희생만 당할 뿐이다. 여기서는「금(擒, 사로잡힌다)」은 부드러운 표현을 쓰고 있지만, 한 부대가 모두 잡힌다는 말은「전멸」을 뜻하는 것이다. 적은 병력으로 강한 적과 완강히 싸우면 결과는 전멸뿐이라는 것이다.「오자」는「적과의 싸움을 피해야 할 경우」여섯 가지를 들고 있는데, 그 내용은 다음과 같다.

첫째, 적의 토지가 광대하고 인민이 부하고 많은 경우.

둘째, 적의 임금이 그의 백성들을 사랑하여 은혜가 널리 유포되어 있는 경우.

셋째, 상은 믿음 있게 주고 형벌은 잘 살피어 가하며, 명령은 꼭 알맞는 때에 내리는 나라.

넷째, 공있는 사람들을 발탁하여 벼슬자리에 앉히고 현명한 사람과 능력 있는 사람을 등용하는 나라.

다섯째, 군사들이 많고 무기가 정예(精銳)한 나라.

여섯째, 사방 이웃 나라들이 돕거나 큰 나라가 돕고 있는 나라.

이상과 같은 여섯 가지 조건을 갖추고 있는 적과는 싸움을 회피해야 한다는 것이다. 이처럼 정치를 잘하거나 물자가 풍부하거나 병력이 많거나 여러 나라들이 원조를 하는 나라를 상대로 전쟁을 하여 보았자 절대로 승리할 수 없을 것이다. 이 중에서도 실전과 직접 관계가 되는 것은 「다섯째, 군사들이 많고 무기가 정예한 나라」이며, 이것은 여기서 말하고 있는 손자의 뜻과 바로 합치되는 것이다.

9.

무릇 장수란, 나라의 보필자(輔弼者)인 것이다. 보필자가 빈틈이 없으면 나라는 반드시 강해질 것이며, 보필자에 빈틈이 생기면 나라가 반드시 약해질 것이다.

夫將者國之輔也. 輔周則國必强, 輔隙則國必弱.

- 國(국) : 여기서는 임금과 국가와 정부의 세 가지를 다 포함시킨 말이다.
- 輔(보) : 돕다. 보좌자(輔佐者), 보필자(輔弼者).

- 周(주) : 두루 빈틈 없이 맡은 일을 잘하는 것. 임금 또는 정부와 장수의 사이가 빈틈 없이 뜻이 잘 맞는 것.
- 隙(극) : 하는 일에 빈틈이 생기는 것. 임금과 정부와 장수 사이에 뜻이 맞지 않는 것.

＊전쟁에 있어서 장수의 위치는 매우 중요하다. 전쟁은 장수의 지휘와 결단에 의하여 수행되므로 장수의 능력은 바로 국가의 운명과 직결된다. 장수가 무능하여 전쟁을 승리로 이끌지 못하면, 그 나라는 멸망하고 말 것이기 때문이다.

《오자》에서도 장수에 관하여 다음과 같은 말을 하고 있다.

「그러므로 전쟁이란, 나라의 대사(大事)이며 나라가 존속하고 망하는 갈림길이 되는데, 그 운명은 장수에게 달려 있는 것이다. 장수란, 나라의 보필자이어서 옛 훌륭한 임금들도 소중히 다루었다. 그러므로 장수를 임명함에 있어서는 잘 살피지 않을 수가 없는 것이다.」(論將)

「전쟁은 양편이 다 승리하거나 또는 양편이 다 패배할 수는 없는 것이다.」(論將)

전쟁엔 한 편이 이기고, 어느 한 편은 반드시 지게 마련이다. 그러므로 전쟁이란, 국가의 운명이 좌우되는 중요한 일인데, 그 중요한 전쟁이 또 장수에 의하여 좌우된다는 것이다.

그래서「손자」계편(計篇)에서

「장수란, 지혜(智)와 믿음(信)과 어짐(仁)과 용기(勇)와 위엄(嚴)이 있어야 한다.」

하였고, 《오자》에서도 장수의 「다섯 가지 자격(五材)」으로써 「용기(勇), 지혜(智), 어짐(仁), 믿음(信), 충성(忠)」(論將)을 들고 있다.

10.

그러므로 군대에게 임금이 환난이 되는 경우가 셋이 있다.

군대가 진격해서는 안됨을 알지 못하고 진격하라고 말하는 것과, 군대가 후퇴해서는 안됨을 알지 못하고 후퇴하라고 말하는 것이 그 하나인데, 이것을 「군대를 얽어매는 것(縻軍)」이라 한다.

故軍之所以於患君者三. 不知軍之不可以進, 而謂之進. 不知軍之不可以退, 而謂之退. 是謂縻軍.

- 縻軍(미군) : 군대를 얽어매어 자유로이 전투 능력을 발휘할 수 없게 만드는 것.

* 임금이 군대의 내용을 잘 알지도 못하고 장수를 젖혀놓고 진격

하라든가 후퇴하라는 명령을 내릴 때, 그 군대는 제대로 전쟁을 할 수 없게 된다는 것이다. 임금이 여러 가지 조건을 검토하여 장수를 임명하였으면 전쟁은 장수에게 맡겨야 한다.

장수의 능력이 부족하다고 생각되면, 즉시 장수를 갈아야지 전쟁의 사정을 잘 알지도 못하면서 군의 활동을 제약하는 명령을 함부로 내려서는 안 된다. 임금이 함부로 군의 활동을 명령하는 것은, 군의 팔다리를 묶어 놓아 마음대로 활동할 수 없게 만드는 거나 같다는 것이다.

「위료자(尉繚子)」를 보면, 전쟁에 있어서의 장수의 권한은 절대적이어야 함을 강조하고 있다.

「장수란, 위로는 하늘에도 제약당하지 않고, 아래로는 땅에도 제약당하지 않으며, 가운데로는 사람에게도 제약당하지 않는다.」(武議)

「그러므로 부득이 전쟁을 하게 된다면 위에는 하늘도 없고, 아래엔 땅도 없으며, 뒤에는 임금도 없고, 앞에는 적도 없다.」(武議)

장수란,「죽음을 걸고 싸우는 관리(死官)」여서 그 권한은 절대적이다. 하늘이나 땅의 여러 가지 조건은 물론, 임금이나 다른 사람들은 전쟁에서의 장수의 권한 행사를 아무도 막거나 침범할 수 없다는 것이다. 인정도 도덕도 없이 승리만이 목표인, 비정(非情)한 것이 전쟁이라면 궁전에 앉아 잘 알지도 못하면서 진격하라 후퇴하라 하고 멋대로 내리는 임금의 명령이 군대로서는 큰 환난이 될 것임은 분명한 일이다.

11.

삼군(三軍)의 일을 알지도 못하면서 삼군을 다스리는 일에 장수와 같이 간여하면 군사들이 미혹당하게 될 것이다.

삼군의 권능(權能)을 알지 못하면서 삼군에 대한 임무를 장수와 같이 담당하면 군사들이 의혹을 품게 될 것이다. 이것을 「군대를 어지럽히는 것(亂軍)」이라 말하는 것이다.

不知三軍之事, 而同三軍之政, 則軍士惑矣. 不知三軍之權, 而同三軍之任, 則軍士疑矣, 是謂亂軍.

- 三軍(삼군) : 전군(全軍). 옛날 천자는 육군(六軍), 제후(諸侯)에겐 삼군(三軍)이 있었다.
- 同(동) : 임금이 장수와 함께 일을 하는 것.
- 惑(혹) : 당혹(當惑). 미혹(迷惑).
- 權(권) : 권능(權能), 권변(權變).
- 是謂亂軍(시위난군) : 일반 판본엔 이 4자가 들어있지 않다.

* 여기서는 임금의 존재가 군대의 환난이 되는 경우 두 가지를 더 들고 있다. 그 하나는 임금이 장수의 「군정(軍政)」에 간섭하는 것이

요, 또 하나는 「군권(軍權)」에 간섭하는 일이다. 「군정」이란 부하들을 올바로 통솔하는 것을 뜻한다. 부하를 통솔함에 임금이 장수와 다른 명령을 내리다 보면 장수의 통솔력이 무너지고 군사들은 어찌할 바를 모르게 된다.

「삼략(三略)」이란 옛 병서에는,

「장수가 위엄이 있게 되는 것은 호령(號令)에 달려 있으며, 전쟁에 있어 완전히 승리를 거두는 것은 군정(軍政)에 달려 있다.」(上略)고 하였다. 앞 대목에서 얘기한 임금이 군대를 전진하라, 또는 후퇴하라 하고 장수를 젖혀놓고 멋대로 움직이는 것은 장수의 「호령(號令)」에 간여하는 것이다. 임금이 「호령」에 간섭하다 보면 장수의 위신은 말이 아닌 게 되며, 전쟁에 지게 될 것은 말할 것도 없다.

부하를 통솔하는 「군정」에 임금이 간섭을 하면 전쟁에 승리를 거둘 수 없다. 임금이 즉흥적으로 군사들에게 명령을 내리다 보면 장수의 명령과 어긋나 군대의 단결이 무너지고 군사들은 어찌할 바를 모르게 된다. 전군이 한 사람의 팔다리처럼 움직일 때, 만 명의 군사라도 10만 군사의 힘을 발휘할 수 있게 되는 것이다.

「군권」이란, 전쟁에 있어서 경우에 따라 임기응변으로 싸우는 권능을 말한다. 이러한 「전권(戰權)」은 어김없는 지휘와 정확한 판단에 의하여만 가능한 것이다. 만약 임금이 장수와 별도로 「전권」을 발휘한다면, 군사들은 자연히 그러한 전략이나 지휘에 의구심을 지니게 될 것이다. 의구심을 지닌다는 것은 사기의 저하를 뜻한다.

「전권(戰權)이란, 도(道)의 극치에 이른 곳에 있는 것이어서 있다가도 없게 되고 없다가도 있게 되는 것이다.」(戰權)라고 「위료자(尉繚子)」에선 말하고 있다. 「전권」이 도의 극치라는 것은, 여러 가지 변화하는 사태에 대하여 가장 유리하게 일초의 지체도 없이 움직여야 하는 것이기 때문이다. 「전권」의 발휘는 「있다가도 없게 되고, 없다가도 있게 되는 것.」 곧 「약한 듯하다가도 강하거나, 강한 듯하다가도 약하고」, 「이기는 듯하다가도 지고, 지는 듯하다가도 이기는 것.」 등 미묘한 전쟁의 운용을 말한다. 따라서 「전권」은 전략에 뛰어나고 그 전쟁 사태를 정확히 파악하고 있는 장수에 의하여 통일적으로 발동되지 않으면 안 된다. 「전권」이 일사불란하게 발휘되지 못하면 그 군대는 승리를 거두기 어려울 것이다. 따라서 그러한 임금의 행동은 군대를 혼란시키는 짓 밖에 되지 않는다는 것이다.

12.

삼군(三軍)이 이미 미혹되고 또 의심을 품고 있다면, 곧 제후들에겐 환난이 닥치게 된다. 이것을 「군대를 어지럽히고 적을 이끌어주어 승리케 하는 것(引勝)」이라 말하는 것이다.

三軍旣惑且疑, 則諸侯之難至矣. 是謂亂軍引勝.

• 引勝(인승) : 적으로 하여금 승리하도록 인도하는 것. 적을 이끌어주어 승리케 하는 것.

* 전쟁은 온 나라가 일치단결하여 적국을 대항할 때 비로소 승리를 거둘 수 있는 것이다. 장수의 통솔에 대하여 미혹된다거나 장수의 전략에 대하여 의심을 지닌다는 것은, 이미 그 군대는 사기를 잃어 통일된 행동을 할 수 없게 된 것을 뜻한다. 아무리 좋은 장비를 갖춘 대군이라 하더라도 군의 통솔이 제대로 되지 않고 전략이 이리저리 뒤흔들리어 군사들이 사기를 잃고 있으면, 이른바 「오합지중(烏合之衆)」에 불과하게 된다. 완전히 단결된 소수의 정예 부대와 싸운다 하더라도 패배하지 않을 수가 없을 것이다.

전쟁에 패배한다는 것은, 제후들에게 있어서는 가장 큰 환난이 된다. 전쟁의 패배는 바로 그 나라의 멸망을 뜻하는게 되기 때문이다. 따라서 임금이 군령(軍令)이나 군정(軍政), 군권(軍權)에 장수를 젖혀놓고 간여한다는 것은, 적으로 하여금 승리를 거두도록 인도해주는 거나 같은 짓이라는 것이다.

13.

그러므로 승리를 예견하는 다섯 가지가 있다. 싸워도 괜찮은가, 싸워서는 안 되는가를 알아차리는 사람은 승리한다. 많은 병력과 적은 병력의 사용 방법을 아는 사람은 승리한다. 윗임금과 아래 백성의 욕망이 같은 나라는 승리한다. 먼저 잘 대비함으로써 아무런 대비도 하지 않은 자들을 상대하면 승리한다. 장수는 능력이 있고, 임금은 그를 제어하지 않는 나라는 승리한다. 이 다섯 가지가 승리를 예견하는 방법인 것이다.

故知勝有五. 知可以與戰不可以與戰者勝. 識衆寡之用者勝. 上下同欲者勝. 以虞待不虞者勝. 將能而君不御者勝. 此五者, 知勝之道也.

- 知勝(지승) : 승리할 것을 알아차리는 것. 승리를 예견(豫見)하는 것.
- 衆寡(중과) : 많은 병력과 적은 병력.
- 虞(우) : 걱정되는 것. 사태를 예측하고 거기에 대비하는 것.
- 御(어) : 부리다. 제어(制御)하다.

* 여기에선 전쟁의 승리를 예견할 수 있는 방법을 앞에서 논한 공격의 기본 방식을 기초로 하여 구체적으로 논하고 있다.

첫째, 싸워도 괜찮은가, 싸워서는 안 되는가를 정확히 알아차리는 사람은 꼭 이긴다고 하였다. 이것은 상황 판단이 정확함을 말한다. 언제나 유리하고 자신 있을 경우에만 싸울 것이기 때문에 틀림없이 승리를 거둘 것이다.

「오자(吳子)」에서는 점을 쳐볼 것도 없이 싸워도 좋은 적의 경우로 다음과 같은 여덟 가지를 들고 있다.

첫째, 바람이 세차고 추운 날에 일찍 일어나 잠이 깨자마자 이동을 시작하여 얼음을 깨고 물을 건너면서도 곤란을 꺼리지 않고 있을 때.

둘째, 한여름 무더위에 늦게 일어나서 쉴 새도 없이 굶주림과 목마름을 겪으면서 강행군을 하여 먼 곳에 가려고 힘쓰고 있을 때.

셋째, 군사들이 오랫동안 주둔하여 양식은 없어지고 백성들은 원망하며, 요사스런 말이 자주 유행하는 데도 지휘관이 그것을 막을 수 없을 때.

넷째, 군자(軍資)가 바닥이 나고, 연료와 마초(馬草)가 없어진 데다가 비가 많이 와서 약탈할 곳도 없을 때.

다섯째, 군사들의 수가 많지 않고 물이나 지형이 불리하며, 사람과 말들이 병이 났는 데도 사방 이웃 나라들이 도와주지 않을 때.

여섯째, 길은 먼데 해는 지고, 군사들은 지치고 두려워하며 싫증이 나서 밥도 먹지 않고 갑옷을 풀어놓고 쉬고 있을 때.

일곱째, 장수는 경박하고 관리들은 가벼우며 군졸들은 굳지 못하며, 전군에 비상이 자주 걸려도 부대들이 서로 돕지 않을 때.

여덟째, 진영(陣營)이 안정되지 못하고 숙소가 다 마련되지 않았는데, 험한 곳을 행군하는 부대가 반은 보이고 반은 안 보일 때.

이러한 자들은 의심 없이 공격해도 좋다고 하였다. 그 밖에 싸워서는 안될 적의 경우도 여섯 가지 들고 있으나, 이미 앞에서 소개하였다.

다음, 둘째로 많은 병력과 적은 병력을 사용할 줄 아는 사람은 승리한다고 하였다. 이것은「병력이 10배가 되면 적을 포위하고, 병력이 5배가 되면 적을 공격하고, 병력이 2배가 되면 양편에서 협공하라.」는 원리를 말하는 것이다. 적의 병력이 많으면 싸움을 회피하거나 완전한 계략을 써서 공격할 줄 알아야 한다는 것이다.

셋째로, 위의 임금과 아래 군사들의 욕망이 같다는 것은, 거국일치(擧國一致)의 전쟁을 뜻한다. 온 백성과 온 군사들이 공동의 적을 향하여 단결을 하면, 웬만한 어려움쯤은 극복하고 전쟁을 승리로 이끌 수 있을 것이다.

넷째로, 먼저 잘 대비함으로써 아무런 대비도 하지 않은 자들을 상대한다는 것은, 완전한 군비(軍備)와 외교정책 같은 것을 말한다. 평상시 이러한 대비가 철저하면 아무도 그 나라를 넘보지 않을 것이며, 설사 전쟁이 일어났다 하더라도 쉽사리 승리를 거둘 수 있을 것이다.

끝으로 장수가 능력이 있고 임금이 장수를 간섭하지 않으면 승리한다는 것은, 이미 앞에 자세한 설명이 있었다. 임금이 군령(軍令)과 군정(軍政)과 전권(戰權)에 간섭한다는 것은, 통솔의 통일성이나 통일된 작전을 방해하는 것이 됨으로 전쟁에 패배할 것이다. 임진왜란 때 우리나라에는 이순신(李舜臣) 같은 명장이 있었는 데도 완전한 승리를 거두지 못했던 것은, 군령과 군정과 전권이 완전히 이순신 장군의 손에 맡겨지지 않았었기 때문이라 볼 수 있을 것이다.

14.

그러므로 「적을 알고 자기를 알면 백 번 싸운다 하더라도 위태롭지 아니하고, 적을 알지 못하고 자기만 알면 한 번은 이기되 한 번은 질 것이며, 적을 알지도 못하고 자기도 알지 못한다면 싸울 때마다 반드시 패배할 것이다.」고 하는 것이다.

故曰, 知彼知己, 百戰不殆. 不知彼而知己, 一勝一負. 不知彼不知己, 每戰必敗.

- 殆(태) : 위태롭다. 실패하다. 보통 판본엔 「危(위)」로 되어 있으나 같은 뜻임.
- 敗(패) : 패배, 실패. 보통 판본엔 「殆(태)」로 되어 있으나 같은 뜻임.

*이 대목은 이 편의 결론이면서「손자」의 명언으로 알려져 있다. 문장을 간결히 쓰기 위하여「자기는 알지 못하면서 적을 알면, 한번은 이기고 한번은 질 것이다.」라는 말이 생략되고 있다고 할 수 있다. 적의 실력이나 정보에 대하여는 잘 알면서도 자기의 장점이나 단점에 대하여는 어두운 사람도 있기 때문이다. 곧「남의 떡만 크게 보는 사람」이 있는 것이다.

춘추시대(春秋時代) 제(齊)나라 환공(桓公)을 도와 패자(霸者)로 만든 관중(管仲)은「관자(管子)」에서 어떠한 적으로부터도 위협을 받지 아니하고, 어떠한 적이라도 정복할 수 있는 방법을 다음과 같이 논하고 있다.

「나라를 다스리는 일은 한가하면서도 관청에는 질서가 있고, 공법(公法)이 행하여져 사사로운 나쁜 일을 행하는 자가 없고 창고에는 곡식이 가득 차고 옥(獄)은 텅 비며, 현명한 사람은 벼슬하고 간사한 자들은 물러나며, 무도(武道)를 숭상하는 기운은 가득하면서도 이익만 추구하는 것을 천히 여기며, 농민은 농사짓기를 좋아하고 술 마시고 좋은 음식 먹기를 즐기지 않는다. 그러면 재용(財用)이 부족하게 되는 일이 없고 식량으로부터 땔나무에 이르기까지 모두가 풍부해져서 위·아래 사람들이 화합케 되고 예의가 잘 지켜진다. 그러므로 가만히 있으면 안정되고 움직이면 위엄이 서게 되며, 싸우면 이기게 되고 지키면 견고하게 되는 것이다.」

이것은 나라의 정치에 질서가 잡히고 재정이 풍부해짐을 말하는 것이다. 이쯤되면 여간해서 전쟁을 걸어올 나라도 없으려니와 설사 걸어온다 하더라도 문제 없이 적을 쳐부술 수 있게 될 것이다.

그럼에도 전쟁을 하게 되는 것은, 정치가 반드시 제대로 되지 않고, 재정은 모두가 그처럼 풍부하게 되지 않고 이해관계가 서로 뒤얽히기 때문이다. 이처럼 부득이 전쟁을 하게 되었을 때 두 나라의 정치적인 배경이나 경제력, 군사력 등이 모두 비슷하다면 적과 자기를 정확히 파악하는 편이 전쟁에 이길 것이다. 적과 자기편의 정확한 실태나 능력을 알아야만 가장 효과적인 전략이 수립될 수 있을 것이기 때문이다.

옛날 비수(淝水)의 싸움에서 진(秦)나라 임금 부견(符堅)은 적인 진(晉)나라의 진영을 바라보고 팔공산(八公山)의 초목들까지도 모두가 적병이라 그릇 판단하고는 무척 위협을 느꼈다. 그러나 사실은 진(秦)나라 군사가 80만이었는데 비하여 진(晉)나라 군사는 8만에 불과하였다. 이런 잘못된 판단이 원인이 되어 결국 싸움에 패하게 되었는데, 그때엔 또 바람 소리, 새소리까지도 적군의 고함 소리로 판단했다. 일본이 제2차 세계대전을 일으키어 미국을 기습하고는 이긴다고 우쭐하던 것도 적과 자기편을 정확히 알지 못하였기 때문이었다. 싸움에서는 먼저 자기의 실력과 상대방의 실력을 정확히 파악하여야 한다.

손자

제4권

4. 형편形篇

「형」이란, 군세가 겉으로 나타나 있는 것을 말한다. 보통 판본에는 「군형편(軍形篇)」으로 되어 있으나 뜻은 마찬가지이다.

전쟁이란 적의 겉 형상만을 가지고 사태를 판단하여서는 안 되는 것이다. 보통 계책을 쓴다는 것은 겉모양인 「군형」을 실정인 「군정(軍情)」과 달리 보이는 데서 시작되기 때문이다. 겉으로는 수비만 하고 있는 듯이 보이다가 갑자기 공격으로 나온다든가 겉으로는 후퇴하는 체하다가 갑자기 진격하는 데서 용병의 묘가 나오기 때문이다. 따라서 「군형」을 통하여 적이 「군정」을 정확히 파악 못하도록 하여야만 한다. 되도록이면 적이 「군형」을 보고 우리 실정을 그릇되게 판단하여 작전에 차질이 생기도록 하며, 반대로 우리는 이것을 이용하여 기습(奇襲)을 하도록 하여야 한다. 대체로 「군형」이란 군대의 포진(布陣)과 많은 관계가 있다. 이 편에선 그러한 「군형」의 기본 원리를 논하고 있다.

1.

손자가 말하였다.

옛날에 전쟁을 잘하던 사람은 먼저 자기를 적이 이길 수 없도록 만들어 놓고서 적을 이길 수 있게 되도록 기다렸다. 자기는 이길 수 없는 진용을 갖추어 놓고, 적은 이길 수 있는 처지에 놓이도록 하는 것이다.

孫子曰, 昔之善戰者, 先爲不可勝, 以待敵之可勝. 不可勝在己, 可勝在敵.

• 先爲(선위) : 먼저 만들어 놓는다.

*여기서「이길 수 없는 요건」이란, 자기의 실정을 표면상으로 다 나타내지 않고 빈틈 없는 전쟁 준비를 갖추는 것을 말한다. 우리에게 군비가 잘 마련되어 있고 여러 가지 실정이 적에게 알려지지 않는다면, 적은 도저히 올바른 전략을 짤 수 없을 것이므로 우리를 이기지 못한다.

　반대로「이길 수 있는 요건」이란, 적의 허실(虛實)을 완전히 파악하여 적을 교란시키는 것이다. 적의 실정을 완전히 파악하고 있다면 언제건 싸움에 우리가 유리한 기회를 엿보아 전쟁하게 될 것이니, 이기는 것은 틀림없는 일일 것이다. 자기들은 절대로「패배하지 않을 요건」을 지니고 적은「패배할 요건」을 지니고 있다면 논리상으로도 우리가 승리할 것은 뻔한 일이다.

　「육도(六韜)」를 보면, 서로 병력이나 군비가 충실하여 팽팽히 대결하고 있어 서로 감히 먼저 손을 내밀지 못할 때 싸우는 방법을 태공(太公)은 다음과 같이 설명하고 있다.

　「겉으로는 혼란한 체하고 안으로 정돈하며 굶주리는 듯이 보이면서 사실은 배불리 먹고 안으로는 정예(精銳)부대로 되어 있으면서도 겉으로는 둔한 것처럼 보인다. 합쳐지기도 하고 서로 떨어지기도 하며, 모이기도 하고 흩어지기도 하며, 우리 계책을 숨겨두고 우리의 기밀(機密)을 잘 지키며 보루를 높이 쌓고 정예군사들을 숨겨놓고 쥐 죽은 듯 고요히 있어, 적으로 하여금 우리가 대비하고 있는 것을 알지 못하게 한다. 그리고는 적이 서쪽을 공격하려 할 때 그 동쪽

을 습격하는 것이다.」(兵道)

태공의 이 말도 「군형」과 「군정」을 다르게 하여 적에게 실정을 알리지 않음으로써 유리한 기회를 엿보아 습격하여야만 한다는 것이다. 이러한 계책이 확보될 때 언제나 승리는 우리 편에 있고, 패배는 적의 편에 있게 될 것이다.

2.

그러므로 전쟁을 잘하는 사람도 적이 이길 수 없도록 만들 수는 있지만 적으로 하여금 반드시 우리가 이길 수 있도록 되게 할 수는 없다. 그러므로 「승리를 예견할 수는 있으되 승리하도록 만들 수는 없다.」고 말하는 것이다.

故善戰者, 能爲不可勝, 不能使敵之必可勝. 故曰, 勝可知, 而不可爲.

- 能爲(능위) : ···을 만들 수 있다.

* 전쟁을 아무리 잘하는 사람이라 하더라도 적이 자기를 이기지 못하도록 만들 수는 있어도, 적을 자기들이 반드시 이길 수 있도록

만들 수는 없다는 것이다. 그것은 자기편이라면 기밀을 잘 지키며, 「군형」으로 「군정」을 알아볼 수 없도록 만들면 되지만, 적의 장수도 훌륭한 사람이어서 대비에 빈틈이 없다면 그러한 적을 꼭 이기도록 만드는 재주는 없다는 것이다. 이것은 다시 말하면, 전쟁의 승리나 패배는 자기 자신에게 달린 것이란 뜻이 된다.

전쟁의 승리가 자신에게 달려 있다면 승리를 예견할 수는 있으되 꼭 승리하도록 만들 수는 없다. 예를 들면, 적이 꼭 지나는 길에 큰 함정을 파놓았다 하자. 함정을 파놓으면 적이 그곳에 빠질 것이니 자기의 수비만 단단하다면 승리를 예견할 수는 있다. 그러나 적의 장수가 워낙 지혜 있는 자라서 함정이 있는 것을 미리 알아차리고 함정을 지나다닌다면 그러한 장수를 함정에 빠지도록 만들 수는 없는 것이다. 아무리 자기에게 승리할 요건이 갖추어져 있다 하더라도 적에게 허점이 있어야만 승리할 수 있다. 허점이 없는 적을 패배하게 할 수는 없다는 것이다.

3.

이길 수가 없다는 것은 자기를 잘 지키기 때문이고, 이길 수 있다는 것은 적의 허점(虛點)을 치기 때문인 것이다.

不可勝者, 守也. 可勝者, 攻也.

- 守(수) : 지키다. 여기서는 자기네에게 유리한 실정(實情)을 여러 가지 모두 잘 지키는 것.
- 攻(공) : 공격하다. 여기서는 기회를 엿보아 적의 허점을 치는 것.

* 전쟁이란, 어느 편이건 자기의 유리한 요건들만을 착실히 지키고 있으면 아무도 그를 이겨낼 수 없다는 것이다. 유리한 요건이란, 군비를 착실히 하고 자기네 실정을 적에게 알리지 않는 것을 말한다.

반대로 적의 허점을 치면 쉽게 싸움에서 이길 수 있다. 적의 허점을 치자면 적의 실정을 잘 파악하여 계략을 쓰지 않으면 안 된다.

「육도(六韜)」에서도 무왕(武王)의 물음에 답하여 태공(太公)은,

「전쟁에 이기는 술법이란, 적군의 기밀을 빈틈 없이 살펴서 그 이로운 기회를 재빨리 포착하여 적의 불의(不意)를 재빨리 치는 것이다.」(兵道)

고 전쟁에 이기는 방법을 설명하고 있다.

4.

지키는 것은 곧 병력이 부족할 때이고, 공격하는 것은 곧 병력이 남음이 있을 때이다.

守則不足, 攻則有餘.

- 이 문장은 뜻으로 볼 때 반대로 표현된 「倒文(도문)」이라 봄이 좋겠다. 곧 「不足則守(부족즉수), 有餘則攻(유여즉공). (병력이 부족하면 수비를 하고, 병력이 남음이 있으면 공격한다.)」과 같은 뜻으로 보는 것이 옳을 것이다. 문장을 그대로 해석하여 「지키면 곧 부족하게 되고, 공격하면 곧 남음이 있게 된다.」고 읽으면 손자의 본뜻과 어긋난다.

* 「오자(吳子)」에서도 무후(武侯)가
「만약 적은 많고 우리는 적다면 어떻게 하면 좋겠습니까?」
하고 물었을 때, 오기(吳起)는 대답하기를,
「평지에서는 적을 피하고 험요(險要)한 곳에서 적을 맞아 싸우십시오.」(應變)
라고 대답하고 있다. 그는 또
「많은 병력을 사용하는 사람은 평지에서 싸우기에 힘쓰고, 적은 병력을 사용하는 사람은 험요한 곳에서 싸우도록 힘써야 한다.」
고도 말하고 있다. 그것은 평지에서는 공격하거나 포위하기가 쉽고 험요한 곳에서는 수비하기에 유리하기 때문이다. 오기는 같은 응변편(應變篇)에서「험요한 곳을 의지하고 싸우면 10배의 적이라도 쳐부술 수 있다.」고도 말하고 있다.

이러한 뜻에서 손자도 병력이 부족할 때엔 유리한 곳에서 적을 수비하고 병력이 적보다 많을 적에는 포위를 한다거나 협공을 하는 등 여러 가지 방법을 써서 적을 공격한다고 말한 것이다.

5.

수비를 잘하는 사람은 깊은 땅속에 잠긴 듯하고, 공격을 잘하는 사람은 높은 하늘 위에서 움직이는 것 같다. 그러므로 스스로를 보전하면서 완전한 승리를 거둘 수가 있는 것이다.

善守者, 藏於九地之下. 善攻者, 動於九天之上. 故能自保而全勝也.

- 九地(구지) : 九는 극수(極數)이므로, 아주 깊은 땅속을 말한다.
- 九天(구천) : 하늘은 아홉 겹으로 되어 있다는 생각이 있어서「높은 하늘」을 뜻한다.「九萬里長天(구만리장천)」이란 말도 있지만「九地」나 마찬가지로 극히 높다는 형용으로「九」자

를 썼다고 보아도 좋다.

*「수비를 잘하는 사람은 깊은 땅속에 잠기어 있는 것 같다.」는 말은, 수비하는 사람의 전략이나 병력의 실태는 전혀 알리지 않고 공격하는 적만을 틀림없이 막아내기 때문이다. 「땅속 깊이 잠기어 있는 것」처럼 공격하여도 조금도 손상받지 않고 군대의 진용(陣容)이 어떻게 되어 있는지 전혀 알 길이 없는 것이다. 이러한 군대는 절대로 이겨내는 수가 없다.

「공격을 잘하는 사람은 높은 하늘 위에서 움직이는 것 같다」는 말은, 공격하는 군대의 신출귀몰(神出鬼沒)하는 전법을 두고 한 말일 것이다. 적의 허점을 빠짐 없이 이용하며 기회만 있으면 적을 공격하여 큰 타격을 주면서도 수비하는 자에게는 그 수법이나 군대의 내용이 전혀 알려지지 않는다. 이러한 군대는 백 번 싸워도 백 번 모두 이길 수가 있을 것이다.

「위료자(尉繚子)」에서도,

「군사를 잘 다스리는 사람은 땅속에 숨겨져 있는 것 같고 하늘 위에 가리워져 있는 것 같다.」(兵談)

고 하였는데, 역시 수비에 빈틈 없고 공격에 귀신 같은 장수를 두고 한 말일 것이다. 태공(太公)도 「육도」에서 「옛날의 전쟁을 잘하던 사람은 하늘 위에서 싸울 수 있었던 것도 아니요, 땅속에서 싸울 수 있었던 것도 아니다. 전쟁의 성공과 실패는 모두 신묘(神妙)한 형세에

말미암은 것이다.」(奇兵)

고 하였다. 여기에서 「하늘 위에서 싸울 수 있었던 것도 아니요, 땅속에서 싸울 수 있었던 것도 아니다.」고 말한 것은, 곧 「하늘 위에서 싸우는 것처럼 변화무쌍하고 재빠른 공격을 가하고, 땅속에서 싸우는 것처럼 손 댈 수도 없고 내용을 알 수도 없이 수비를 잘하였다.」는 뜻으로 풀이할 수 있을 것이다.

태공이 「장수가 말에도 나타나지 않는 기미로써 지키는 것은 신묘(神妙)한 것이며, 보이지도 않는 허점을 알아 공격하는 것은 신명(神明)한 것이다. 그러므로 신묘하고 신명한 도를 아는 사람에게는 들판에 가로놓인 적이 있을 수 없고 대립하여 맞서는 나라가 있을 수 없다.」(軍勢)

고 한 것만 보아도, 그도 손자와 같은 뜻을 지니고 있었음을 알 것이다.

이런 사람들은 자기를 보전하며 완전한 승리를 거둘 수 있을 것이다. 손자의 「완전한 승리」는 자기편 한 사람도 다치지 않는 「나라를 온전히 하는 것」(全國)을 뜻할 것이다.

6.

승리할 방법을 발견한 것이 여러 사람들도 알고 있는 방법에 지나지 않을 적에는, 좋은 것 중의 좋은 것은 못 된다. 전쟁에 이겨서 온 천하 사람들이 잘했다고 말한다

해도 좋은 것 중의 좋은 것은 못된다.

見勝, 不過衆人之所知, 非善之善者也. 戰勝而天下曰善, 非善之善者也.

- 見勝(견승) : 승리의 방법을 발견하는 것. 「드러난 승리한 방법」으로 해석해도 통한다.
- 善之善(선지선) : 좋은 것 중에서도 가장 좋은 것.

* 흔히들 손자의 「병법」에 있어서는 용병의 극치는 「무형(無形)」에 있다고 말한다. 보통 사람들도 알 수 있는 방법의 승리라든가 천하 사람들이 칭찬할 만한 승리는 「유형(有形)」의 승리이다. 보통 사람으로서는 그 까닭을 알 수 없고 천하 사람들이 칭찬할 근거를 모르는 것은 「무형(無形)」의 승리이다. 그것은 「육도」에서 말한 것처럼, 「말에도 나타나지 않는 기미로써 지키는 신묘(神妙)함과 겉으로 보이지 않는 허점을 알아 공격하는 신명(神明)」함으로 싸우기 때문에 보통 사람으로서는 그 까닭이나 형태를 알 수 없게 된다. 어떻게 이긴 건지 무엇이 잘 된 건지 알 길이 없다.

이러한 「무형」의 승리는 한편 무한하고도 절대적인 것이다. 아무리 큰 나라라 하더라도 전쟁하기로 결정이 되면 절대로 이기고, 또 자기의 손실은 없이 완전한 승리를 거두는 것이다. 손자에서는 전쟁의 이론이 노자의 영향을 받아 전쟁 철학의 경지로 승화하고 있다. 역사상 유명한 승리들은 손자의 눈으로 볼 때 가장 훌륭한 승리는 못된다. 역사상 드러나지도 않게 거둔 완전한 승리는 따로 있는 것이다.

7.

그러므로 가는 털을 들었다 하더라도 힘이 많다고 여기지 않고, 해와 달을 보았다 하더라도 눈이 밝다고 여기지 않고, 우렛소리를 들었다 하더라도 귀가 밝다고 여기지 않는 것이다.

故擧秋毫, 不爲多力. 見日月, 不爲明目. 聞雷霆, 不爲聰耳.

- 秋毫(추호) : 가을에 나는 짐승의 가는 털.
- 雷霆(뇌정) : 우레, 벼락.
- 聰(총) : 귀가 밝은 것.

* 전쟁에 훌륭한 승리를 거둔다는 것은 간신히 이기거나 모험적인 계략을 가지고 이기는 것이 아니다. 절대로 실패할 수 없는 완전한 계책을 통하여 승리를 거두는 것이다. 그러기에 승리하는 쪽이 이

긴다는 것은 사실을 알고 보면 가는 터럭을 드는 것처럼 쉬운 일이고 해나 달을 바라보는 것처럼 확실한 일이고, 우렛소리처럼 분명한 일이다. 만약의 경우라 하더라도 절대로 실패할 수 없는 일인 것이다.

「육도」에서 태공(太公)이,

「그러므로 전쟁을 잘하는 사람은 군대를 벌여놓을 것도 없이 이기며, 환난을 잘 제거하는 사람은 생기기 전에 이미 다스린다. 적에게 승리를 거두는 사람은 군형(軍形)이 없는 속에서 이기며, 전쟁을 가장 잘하는 사람은 적과 싸우지 않고 이긴다. 그러므로 흰 칼날 앞에서 다투어 이기는 사람은 훌륭한 장수가 못된다. 이미 실패한 뒤에 대비를 갖추는 사람은 훌륭한 성인이 못된다.」(軍勢)

고 한 말도, 손자와 같은 견해를 얘기하고 있는 것이다. 전쟁이란, 「무형(無形)」 속에서 가장 완전하고 확실한 방법으로 승리를 거두어야 하는 것이다.

8.

옛날의 이른바 전쟁을 잘한다는 사람은 이기기 쉬운 상태에서 승리를 거두는 것이다. 그러므로 전쟁을 잘하는 사람의 승리는 지혜 있다는 명성도 없고 용감하다는 공로도 없는 것이다.

古之所謂善戰者, 勝於易勝者也. 故善戰者之勝
也, 無智名, 無勇功.

- 易勝(이승) : 이기기 쉬운 상태, 이기기 쉬운 적.
- 智名(지명) : 지혜롭다는 명성.

* 앞에서 손자는 「싸우지도 않고서 적의 군대를 굴복시키는 것이 잘하는 것 중에서도 가장 잘하는 것」이라 말하였다. 여기서 말한 「이기기 쉬운 상태」라는 것은, 적이 완전히 전비를 갖추고 덤벼들기 이전의 어떤 상태를 말한다.

「육도」에서 태공도 「전쟁을 가장 잘하는 사람은 싸우지 않는다」 (軍勢)고 하였다. 정면으로 적과 맞붙어 자기편도 적지 않은 희생을 내고 싸워 이기는 것은 전쟁을 썩 잘하는 게 못된다는 것이다. 그처럼 애쓰고 희생을 내지 않아도 될 때에 미리 손을 써서 전쟁의 요인을 해결해 버린다. 그렇기 때문에 정말로 전쟁을 잘하는 사람에게는 「지혜 있는 장수」라든가 「용감히 공을 많이 세웠다」는 칭송이 돌아갈 수 없다. 다시 말하면, 세상에서 싸움에 지혜가 많다거나 전쟁에 용감했다고 칭송되는 장수들은 정말로 전쟁을 잘하는 훌륭한 장수가 못된다는 것이다.

「묵자」의 공수편(公輸篇)을 보면, 다음과 같은 얘기가 있다.

초(楚)나라가 공수반(公輸盤)이란, 기술자가 만든 운제(雲梯)라는 무기를 가지고 송(宋)나라를 공격하려 하였다. 묵자는 노(魯)나라에서 그 얘기를 듣고는 즉시 초나라로 달려가 공수반을 만나 얘기하였다.

「북쪽의 한 남자가 저를 모욕했습니다. 저는 당신의 힘을 빌어 그를 죽여버리고 싶습니다.」

공수반이 상을 찌푸리자, 묵자는 「십금(十金)을 보수로 주겠다.」고 하였다.

그러자 공수반이 말하였다.

「사람을 죽이는 것 같은 일은 의로운 일이 못되니 할 수 없습니다.」

묵자는 그 말을 듣자 공손히 일어나 절을 하며 말하였다. 「그러면 말씀드리겠습니다. 저는 북쪽에서 당신이 만든 운제(雲梯)로 초나라가 송나라를 공격할 것이란 말을 들었습니다.

송나라에 무슨 죄가 있습니까? 지금 초나라는 땅은 남아나지만 인민이 부족되고 있습니다. 그 부족한 것을 죽이면서 남아나는 것을 뺏는다는 것은 현명하다고 할 수 없습니다. 죄도 없는 송나라를 공격하는 것은 어질다(仁)고 말할 수 없습니다. 현명하지도 어질지도 못하다는 것을 알면서도 임금님께 간하지 않는 것은 충성되다(忠)고 할 수 없습니다. 간하여도 들어주지 않는다면 무능하다고 하는 수밖에 없습니다.

지금 당신은 사람을 죽이는 것은 의로운 일이 못된다고 하였습니다. 그런데도 당신이 많은 사람들을 죽이려고 하는 것은 어째서입니까? 일의 이치를 안다고 할 수 있겠습니까?」

공수반은 묵자의 말을 긍정하면서도 이미 임금님과 약속이 되었기 때문에 어쩔 수가 없다고 하였다. 그러자 묵자는 다시 초나라 임금을 만나 설득하였다. 초나라 임금도 묵자의 이론에 굴복은 하면서도 운제란 무기 때문에 전쟁을 단념하지 않았다.

그러자 묵자는 혁대를 풀어 성곽처럼 만들어 놓고 운제를 사용하여 공격하는 공수반과 전술을 겨루었다. 공수반은 아홉 번이나 운제를 써서 공격을 시도하였으나 번번이 묵자의 방위에 실패하고 말았다. 그리하여 공수반은 묵자를 죽일 생각까지 했었으나, 다시 묵자의 변설에 굴복하여 초나라 임금은 전쟁을 포기하고 만다.

손자나 태공의 병법에서 볼 때 묵자야말로 전쟁을 가장 잘하는 사람이라 할 것이다. 묵자는 이처럼 송나라의 재난을 없애주었는데도 노나라로 돌아가는 길에 초나라를 지나다 비를 피하려고 마을 문 안으로 들어가려 하니, 문지기가 들여보내주지 않았다. 그야말로 묵자는 「지혜롭다는 명성도 없고 용감하다는 공로도 없이」 전쟁을 잘한 사람이라 할 것이다.

9.

그러므로 그가 싸움에 이기는 것은 어긋나는 법이 없다. 어긋나지 않는 것은 그가 승리를 쟁취한다는 것은 이미 패하고 있는 자를 쳐서 이기는 것이기 때문이다.

故其戰勝, 不忒. 不忒者, 其所措勝, 勝已敗者也.

- 忒(특) : 어긋나다. 계획에 차질이 생기다.
- 措勝(조승) : 승리하도록 조치(措置)하는 것. 곧 승리를 쟁취하는 것.

* 전쟁을 잘하는 사람은 완전한 승리를 거둔다. 조금이라도 희생을 내거나 목적을 이루는 데 계획과 차질이 생기는 일이 없다. 그것은 이미 전쟁에 패배한 거나 마찬가지 상태에서 적을 굴복시키기 때문이라는 것이다. 이것은

「노자(老子)」에서,

「억지로 일을 하려는 사람은 도리어 실패하고, 억지로 움켜잡으려는 사람은 도리어 놓친다.」

고 말한 이치와 통하는 것이다. 전쟁을 정면으로 맞붙어 싸워서 억지로 이기려 들지 않고 모든 여건을 이기게끔 만들어 놓고 치기 때문에 적은 순순히 자연스럽게 굴복하게 되는 것이다.

노자의 이론에 의하면, 전쟁뿐만 아니라 사업이나 모든 일을 정말로 잘하는 사람은 조금도 억지로 하지 않고 순조롭게 뜻을 이룬다. 그것은 상대방을 자기 뜻대로 움직이도록 미리 자연스럽게 만들어 놓기 때문인 것이다.

10.

그러므로 전쟁을 잘하는 사람은 패하지 않을 위치에 서있으면서 적의 패배는 놓치지 않는 것이다.

故善戰者, 立於不敗之地, 而不失敵之敗也.

- 地(지) : 위치, 입지 조건.
- 敗(패) : 패배할 형편. 패배당할 기회를 뜻함.

* 전쟁에 패배하지 않는 요건은 두 가지가 있다. 첫째는 절대로 자신이 패배하지 않도록 만반의 태세를 갖추고 있는 것이다.

노자(老子)도,

「잘 심으면 아무도 뽑을 수가 없다.」

고 하였다. 완전한 대비만 되어 있다면 아무도 그를 패배시킬 수는 없을 것이다. 우선 전쟁에 패하는 원인은 적이 강한 것보다도 자신에게 있다고 보아야 할 것이다. 심지어는 적으로 하여금 자기들을 패배시키도록 유도하여 주는 경우조차 있다. 임진왜란 때 왜병들은 대동강(大同江) 남쪽 기슭에 집결하였으나, 다리나 배가 없어 어떻게 이 강을 건너면 좋을까 망설이고 있었다. 이때 이 강물의 성질을 잘 알고 있는 우리 군사들 몇 명이 대동강의 가장 얕은 곳을 골라 건넜다. 왜병들은 이것을 잘 보아 두었다가 우리 군사들이 건너던 장소를 따라 건너서 우리 군사들을 쳤다 한다. 이것은 적으로 하여금 우리를 패배시키도록 유도한 병법의 가장 졸렬한 보기이기도 하다.

다음에는 적을 패배시키자면 적이 패배할 위치에 있는 기회를 놓치지 말아야 한다.

「육도」에서도 태공(太公)이,

「싸움을 잘하는 사람은 이로움을 보면 놓치지 아니하고, 좋은 때를 만나면 주저치 않는다.」(軍勢)

고 하였는데, 이것도 적을 패배시킬 유리한 기회를 놓치지 않아야 승리를 거둘 수 있다는 말이다. 자기의 대비가 완전하고 상대방의 기회를 놓치지 않는다면 틀림없이 전쟁에 이길 수 있다는 것은 두말 할 나위도 없을 것이다.

11.

그러므로 승리하는 군대는 먼저 이기도록 해놓고서 뒤에 싸우려 든다. 패배하는 군대는 먼저 싸움을 걸어 놓고서 뒤에 승리하려 든다.

是故勝兵, 先勝, 而後求戰. 敗兵, 先戰而後求勝.

- 勝兵(승병) : 승리하는 군대. 전쟁에 승리하는 사람들.
- 敗兵(패병) : 패배하는 군대. 전쟁에 패배하는 사람들.

   ＊ 전쟁에 승리를 거두는 군대란, 모두 싸우기 전에 틀림없이 이길 요건을 만들어 놓고 전쟁을 시작하는 사람들이다. 틀림없이 이길 수 있도록 모든 요건을 만들어 놓고 싸운다면 절대적으로 쉽사리 승리를 거둘 수 있을 것이다. 반대로 덮어놓고 싸워 이기려고 달려드는 군대는 십중팔구는 패배한다. 간혹 승리를 거둔다 하더라도 패배한 것 못지 않은 피해를 입을 것이다. 그러기에 전쟁에서는 무모한 용기보다는 현명한 지략(智略)이 더욱 필요하다.

   「논어(論語)」를 보면 자로(子路)가 그의 스승 공자(孔子)에게,

   「선생님께서 만약 군대를 지휘하게 되신다면, 어떤 사람을 부관(副官)으로 쓰시겠습니까?」

하고 물었다.

이에 대하여 공자는,

   「맨손으로 호랑이와 싸우고 맨발로 황하를 건너겠다고 덤비면서 죽음도 두려워하지 않는 사람이 아니라, 일을 앞두고는 신중히 조심하며 계책을 잘 세워 성공시킬 사람을 쓰겠다.」(述而)

고 대답하고 있다. 공자도 전술가는 아니지만, 죽음도 아랑곳하지 않는 용감한 사람보다는 빈틈 없이 미리 대비하며 일을 꼭 성공시킬 계책을 짤 수 있는 사람이 전쟁을 잘하는 사람이라 믿었던 것이다. 「먼저 이길 수 있도록 만들어놓고 싸우려 든다」는 것은, 전쟁을 하기 전에 꼭 이길 수 있는 모든 조치와 계책을 세워놓는다는 것이다. 그렇게 하면 한 대의 화살도 쓰기 전에 적군이 굴복하여 올 것이다.

12.

용병(用兵)을 잘하는 사람은 승리의 도(道)를 닦고 승리의 법(法)을 지닌다. 그러므로 승리와 패배를 마음대로 할 수가 있게 되는 것이다.

善用兵者, 修道而保法, 故能爲勝敗之政.

- 道(도) : 맨 앞 계편(計篇)에 보이는 「다섯 가지 일(五事)」중의 첫째로 꼽고 있는 「도」. 계편에서는 「도란 백성들로 하여금 임금과 뜻을 같이 하게 하는 것이다. 그러므로 임금을 위하여 죽기도 하고, 임금을 위하여 살기도 하는 백성들은 위험을 두려워하지 않는 것이다.」고 풀이하고 있다. 따라서 간단히 말하면 「단결하여 승리하는 도」, 또는 「승리의 도」가 된다.
- 法(법) : 계편의 「다섯 가지 일」 중 맨 끝으로 들고 있는 「법」. 계편에서는 「법이란 군의 편제와 군의 직제와 군비 수송이다.」고 풀이하고 있다. 간단히 말하면, 「빈틈 없는 제도로써 전쟁에 승리하는 법」, 또는 「승리의 법」이다.
- 政(정) : 다스리다. 멋대로 이리저리 움직이다.

* 지도자와 국민들이 일치단결하여 승리할 수 있는 도(道)를 닦고 빈틈 없는 제도로써 승리할 수 있는 법(法)을 지니어 전쟁의 승리

를 마음대로 한다는 것은, 앞에서 여러 번 얘기한, 싸우기 전에 꼭 이길 수 있는 요건을 만들어 놓는 것을 뜻한다. 이처럼 꼭 이길 수 있는 도를 닦고, 꼭 이길 수 있는 법을 지니고 있으면 전쟁의 승패를 마음대로 할 수 있을 것은 긴 설명을 필요로 하지 않는다.

「오자」에서는 하(夏)나라의 걸(桀)임금이 은(殷)나라 탕(湯)임금에게 멸망당하고, 은나라 주(紂)임금이 주(周)나라 무왕(武王)에게 쉽사리 멸망당할 수 있었던 것도 이러한 면에서 파악하고 있다. 곧 탕임금이나 무왕은 「승리의 도를 닦고 승리의 법을 지니고 있었는데 비하여」 패배한 걸임금이나 주임금은 백성들의 마음을 잃어 「승리의 도」를 스스로 무너뜨렸고 어지러운 정치로써 모든 제도가 혼란하여졌으므로 「승리의 법」을 스스로 버렸다는 것이다. 「승리의 도」를 닦고 「승리의 법」을 지닌 사람이 그렇지 못한 포학한 임금을 쳤기 때문에 그처럼 자연스러운 대승리가 얻어졌다는 것이다.

13.

병법은 첫째는 도(度)이며, 둘째는 양(量)이며, 셋째는 수(數)이며, 넷째는 균형(稱)이며, 다섯째는 승리인 것이다. 도는 땅에서 생기고, 도에서 양이 생기고, 양에서 수가 생기고, 수에서 균형이 생기고, 균형에서 승리가 생기는 것이다.

> 兵法, 一曰, 度. 二曰, 量. 三曰, 數. 四曰, 稱. 五曰, 勝. 地生度, 度生量, 量生數, 數生稱, 稱生勝.

- 度(도) : 도량형(度量衡)의 「도」로써 땅의 거리나 넓이 같은 것을 재는 것.
- 量(양) : 여기서는 「전투 규모」를 뜻한다. 앞의 「도」에 따른 전선(戰線)의 설정, 병력과 무기의 배치 같은 것이 포함된다.
- 數(수) : 기본적으로는 「병력의 수」이다. 그러나 병력에 따라 여러 가지 보급이나 무기의 수도 안배되어야만 할 것이다.
- 稱(칭) : 우리와 적군과의 균형 관계, 우리와 적의 전투력을 「잰다.」는 뜻으로 풀이하여도 좋다.
- 勝(승) : 승리의 성산(成算)을 결정하는 것.

* 여기에서는 작전 계획의 기본 원칙을 다섯 가지로 나누어 차례대로 설명하고 있다.

맨 먼저 작전 계획은 지형의 정찰(偵察) 또는 지도(地圖)의 작성 내지는 검토로부터 출발하지 않으면 안 된다. 적과 아군이 활동하는 지역 내의 지형을 파악하여야만 작전 계획을 유리하게 짤 수 있기 때문이다. 이것은 선(線) 또는 면(面)상의 문제, 다시 말하면 거리와 면적의 문제이기 때문에 「도」라 한 것이다. 거리 속에는 물론 땅의 높고 낮음도 포함된다.

　다음은 이렇게 정찰된 지형을 토대로 하여 어떻게 병력을 배치하며, 어떻게 무기와 보급을 공급하는가를 정하여야 한다. 이것을 「양」이라 표현한 것은 전쟁의 형태상으로 볼 때 지도의 검토가 선과 면의 문제인 데 비하여, 훨씬 입체적(立體的)인 「양」적인 문제이기 때문이다. 이러한 전투 규모의 결정은 지형의 정찰인 「도」가 반드시 앞서야만 한다.

　전투 규모까지 결정되었으면, 이에 배치할 병력의 「수」가 다음엔 결정되어야 한다. 병력에는 식량을 비롯한 여러 가지 보급과 무기가 적절히 배당되지 않으면 안 된다. 따라서 이곳의 「수」는 인원수뿐만 아니라 식량, 무기, 기타 장비의 모든 수를 포함하는 것으로 보아도 좋을 것이다. 이 「수」의 배치는 이미 결정된 「양」을 근거로 하여 자기네 전체 병력의 다소에 의하여 결정되는 것이다.

　병력의 배치까지 모두 끝났으면 적과 아군과의 균형을 검토해야 한다. 그것은 적과 아군이 점령하고 있는 지형의 검토에서부터 시작하여 전선의 검토, 병력의 검토, 무기의 검토 등이 모두 포함된다. 이러한 「균형」의 검토는 적정(敵情)을 제대로 파악하지 못하면 불가능한 것이다.

　지형의 정찰로부터 시작하여 전선의 구성, 병력의 배치가 끝나고 적과 아군의 여러 가지 실력과 처지의 비교 검토가 끝나면 끝으로 꼭 이길 수 있는 성산(成算)을 수립해야 한다. 이전의 여러 가지

「도」와 「양」과 「수」와 「균형」의 설정 또는 검토가 정확했다면 비교적 확실한 승리의 계책을 세울 수 있다. 그러나 이전의 것들에 한 가지라도 잘못이 있다면, 여기에서 결정하는 성산은 전쟁을 결정적인 승리로 이끌지 못할 것이다. 그 반면 이러한 다섯 가지 일들이 모두 정확하게 진행되었다면 전쟁은 틀림 없이 승리로 종결지워지게 될 것이다. 그러므로 용병을 하는 사람은 누구보다도 세심(細心)하고 빈틈 없는 정확한 판단력을 지녀야만 한다.

14.

그러므로 승리하는 군대는 1일(鎰)의 무게로써 1수(銖)의 무게와 균형을 겨루는 것과 같고, 패배하는 군대는 1수(銖)의 무게로써 1일(鎰)의 무게와 균형을 겨루는 것과 같다.

故勝兵, 若以鎰稱銖. 敗兵, 若以銖稱鎰.

- 鎰(일) : 무게의 단위. 스무 냥(二十兩)이 1일이다.
- 銖(수) : 무게의 단위. 24수(二十四銖)가 1냥(一兩)이다.

* 병법에 정통한 사람들은 지형의 연구로부터 시작하여 절대로

승리할 수 있는 완전한 작전 계획을 세운다. 그 계획은 자기의 군비를 충실히 하고 전투에 유리한 계책과 위치를 확보하는 것뿐만 아니라 적의 실정을 정확히 파악하여 적이 꼼짝 없이 패배하지 않을 수 없게 된 기회도 놓치지 않는 것을 뜻한다. 그러므로 우리와 적의 전쟁 능력의 균형은 천양지판(天壤之判)이 되고 만다. 무게의 단위로 표현하면 20냥(二十兩) 무게의 일(鎰)과 24수(二十四銖)가 1냥(一兩)이 되는 아주 가벼운 수(銖)를 견주는 것처럼 된다는 것이다. 다시 말하면, 승자와 패자의 세력의 균형은 수백 배의 차이가 나서 도저히 싸움이 될 수가 없다는 것이다. 그래서 전쟁을 잘하는 사람은 아무런 희생없이 맞붙어 싸우기도 전에 완전한 승리를 거둘 수 있다고 말했던 것이다.

15.

승리하는 사람의 전쟁은 마치 천 길(千仞)이나 되는 계곡에 가두어 두었던 물을 터뜨리는 듯한데, 형세가 그러한 것이다.

勝者之戰, 若決積水於千仞之溪者, 形也.

- 積水(적수) : 쌓아 놓았던 물, 곧 가두어 놓았던 많은 물.

- 仞(인) : 길이의 단위. 여덟 자(八尺)가 1인(仞)이다.
- 溪(계) : 여기서는 谿(계)와 통하여, 「계곡」의 뜻.

* 전쟁에 승리하는 사람의 전쟁은 계곡에 가두어 놓았던 물을 터 놓는 것 같은 형세로 승리를 거둔다는 것이다. 이미 싸우기도 전부터 승리하게 될 요건들을 마련해 놓고, 꼭 패배할 기회를 이용하여 치는 것이기 때문에 사람의 힘으로서는 도저히 어쩔 수도 없는 빠르고도 절대적인 세로써 승리를 거둔다는 것이다.

「육도」에서도 태공(太公)은 전쟁을 잘하는 사람에 대하여 다음과 같은 설명을 하고 있다.

「전쟁을 잘하는 사람은 이로운 때를 발견하면 놓치지 아니하고 좋은 때를 만나면 지체하지 아니한다. 이로운 때를 놓치고 좋은 때에 뒤지면 도리어 재난을 당하게 된다. 그러므로 지혜 있는 사람은 이를 쫓아 잃지 않으며, 교묘한 사람은 당장에 결단을 내리고 지체하지 않는다. 그리하여 귀를 가릴 틈도 없이 빠른 벼락치는 소리 같고 눈을 감을 사이도 없는 빠른 번갯불 같으며, 진격하는 것은 놀란 사람 같고, 싸우는 것은 미친 사람 같아서, 그에 맞서는 자들은 깨어지고, 그에 가까이 있는 자들은 멸망하는 것이니, 누가 그들을 막을 수가 있겠는가?」

전쟁은 이처럼 신속하고도 정확하게 승리를 거두어야만 한다.

손자

제5권

5. 세편勢篇

「세」란 군대의 형세를 말한다. 보통 판본에는 이 편 이름이 「병세(兵勢)」로 되어 있다. 「세」란 말은 흔히 쓰고 있으면서도 정확하게 설명하기는 곤란하다. 「맹자(孟子)」에는 다음과 같은 설명이 보인다. 「물은 손바닥으로 쳐서 튀어오르게 하면 이마보다도 높이 튀어오르며 돌아서 움직이도록 만들면 언덕 위로도 흐르게 할 수 있다. 그러나 그것은 물의 본성(本性)은 아니다. 낮은 곳으로 흘러내리는 게 물의 본바탕이고, 튀어오르는 것은 세(勢)인 것이다.」

이 논리를 적용하면 사람들의 본성은 남을 죽이거나 상하게 하기 싫어하며 자기의 목숨을 아끼는 것이지만 분발하여 용감히 싸우도록 지휘자에 의하여 만들어진 것이 '세'인 것이다.

이 「세」는 장수의 지략(智略)에 의하여 형성된다. 전쟁을 앞둔 군대가 밖으로 나타내는 것은 「형(形)」, 「세(勢)」의 두 가지가 있다. 이것은 「형세」란 말을 둘로 나눈 것이지만, 「형」은 눈으로 보고 귀로 들을 수 있는 겉모양임에 비하여, 세는 눈으로 보고 귀로 들리는 게 종합되어 느끼어지는 경향 같은 것이다.

따라서 「세」는 변화가 많고 복잡하다. 그리고 전쟁에 직접 영향을 미친다. 따라서 장수는 전쟁에 유리한 「세」를 지니도록 날카로운 지혜와 결단력을 발휘하지 않으면 안 된다. 여기에서는 그러한 「세」의 기본적인 문제에 대하여 논하고 있다.

1.

손자가 말하였다.

용병을 함에 있어 많은 병력을 통솔하는 것을 적은 병력을 통솔하듯 하는 것은, 병력을 작은 단위로 나눔으로써 가능하다.

孫子曰, 凡用兵, 治衆如治寡, 分數是也.

- 治(치) : 여기서는 군대의 통솔을 뜻한다.
- 衆(중) : 많은 병력.
- 寡(과) : 적은 병력.
- 分數(분수) : 각자에게 주어진 직위와 임무.

* 군대의 통솔은 분대(分隊), 소대(小隊), 중대(中隊), 대대(大隊), 연대(聯隊), 사단(師團), 군단(軍團)으로 이루어지는 현대 군제(軍制)

에 이름으로써 체계적으로 이루어지게 된다. 군제만 완전하다면 1개 사단의 통솔도 1개 분대의 통솔처럼 쉬워지는 것이다.

「위료자(尉繚子)」에서도 말했다.

「모든 군제(軍制)는 반드시 먼저 정하여져 있어야 한다. 군제가 먼저 정하여져 있으면, 곧 군사들이 혼란을 일으키지 않는다. 군사들이 혼란을 일으키지 않으면 법도가 곧 분명해진다. 전진이고 후퇴고 북과 징소리가 지시하기만 하면, 곧 백 명의 군사들이 모두 싸우게 된다. 적의 대형을 함몰(陷沒)케 하고 적진을 혼란케 하려면, 곧 천 명이 모두 싸우게 된다. 적군을 뒤엎고 적장을 죽이려 하면, 곧 만 명이 일제히 무기를 들고 나선다. 천하엔 그들과의 싸움을 당해낼 수 있는 자가 없게 될 것이다.」(制談)

여기서는 손자의 「분수」란 말을 「군제」로 바꾸었을 뿐이다. 군제가 확정되어 있다는 것은, 전군이 완전한 조직을 이루고 있음을 말한다. 완전한 군제 아래 전군이 모두 지휘관의 명령을 따르게 되면, 군대는 통솔이 잘 되어 막강한 군대가 될 것이다.

2.

많은 병력을 싸우게 하는 것을 적은 병력을 싸우게 하는 것처럼 하는 것은 깃발 같은 물건을 이용하는 신호와 북이나 나팔 같은 것을 이용한 신호(形名)를 올바로 씀으로써 가능하다.

鬪衆如鬪寡. 形名是也.

- 形(형) : 깃발 같은 형체가 있는 물건에 의한 지휘.
- 名(명) : 북이나 나팔 같은 소리로써 하는 지휘. 옛날에는 군대를 지휘하는 신호로써 깃발과 북과 징, 세 가지를 가장 많이 사용하였다.

* 이 말은 앞의 것보다 좀 더 전투와 직접적인 얘기를 한 것이다. 전투를 하는 데 있어서 수많은 병력을 적은 병력을 움직이듯 조직적으로 지휘할 수 있는 것은 깃발이나 징과 북의 신호로 통일된 행동을 할 수 있게 하기 때문이라는 것이다.

「오자」에서도 다음과 같은 말을 하고 있다.

「작은 북, 큰 북(鼛鼓)과 징과 방울(金鐸)은 귀를 통하여 위복(威服)케 하고, 여러 가지 깃발(旌旗)과 지휘하는 데 쓰는 표지(麾幟) 같은 것은 눈을 통하여 위복케 하고, 금령(禁令)과 형벌은 마음을 통하여 위복케 하는 것이다.

귀는 소리를 통하여 위복케 되는 것이니 맑지 않으면 안 되고, 눈은 빛깔을 통하여 위복케 되는 것이니 분명하지 않으면 안 되고, 마음은 형벌을 통하여 위복케 되는 것이니 엄하지 않으면 안 되는 것이다.

이 세 가지가 서지 않으면 비록 그의 나라가 있다 하더라도 반드시 적에게 패배당할 것이다.」(論將)

이 오자의 말도 손자가 말한 형명(形名)을 설명하고 있는 것이다. 군대의 전투는 여러 가지 깃발과 징과 북 같은 것들을 신호로 사용하여 통일된 행동을 하는 것이므로, 이러한 지휘 수단은 분명하지 않으면 안 된다는 것이다. 현대에 있어서는 여러 가지 유선, 무선의 통신 방법까지를 이 속에 모두 포함시켜야 할 것이다. 통신 방법이 뚜렷하지 못한 군대는 온몸이 마비된 사람의 몸이나 같은 것이어서 절대로 전투 기능을 발휘할 수 없을 것이다.

3.

삼군(三軍)의 군사들이 적과 마주치더라도 절대로 패하는 일이 없게 하는 것은 정병(正兵)과 기병(奇兵)이다.

三軍之衆, 可使必受敵而無敗者, 奇正是也.

- 受敵(수적) : 적과 마주쳐 싸우는 것.
- 奇(기) : 기병(奇兵). 계략에 의하여 기습(奇襲)이나 복병(伏兵) 같은 전법을 사용하는 것. 측면이나 배후에서 공격하는 전법.

- 正(정) : 정병(正兵). 정정당당히 적의 정면에서 맞붙어 싸우는 전법.

* 위(魏)나라 조조(曹操)의 「손자」 주에는 「정병」과 「기병」을 설명하여 「정병은 적과 맞붙는 것이고, 기병은 곁에서 적의 불의를 치는 것이다.」 하였다. 전군이 적과 싸워서 언제나 승리를 거두는 방법은 이 「정병」과 「기병」을 적절히 사용하는 데 있다는 것이다. 이전까지의 손자의 이론은 전쟁의 기본 이론과 가장 훌륭한 승리란 어떤 것인가를 위주로 풀어 왔으나, 여기서부터는 본격적으로 직접 전쟁이 일어났을 적에 적용되는 병법이다. 따라서 병법가마다 이 정병과 기병에 대하여는 특별한 연구를 하고 있다.

「위료자(尉繚子)」에서는 「삼군의 전군사들을 기병과 정병으로 적절히 쓰면 천하에 그와 싸워서 당해낼 군대가 없을 것이다.」(武議)고 말하고, 다시 「정병을 먼저 써 공격하는 데 중점을 두고, 기병은 뒤에 써 공격하는 데 중점을 두며, 혹은 먼저 혹은 뒤에 공격함으로써 적을 제압하는 것이다.」(勒卒令)고 하였다.

「육도」에는 따로 기병편(奇兵篇)이 있어 전문적으로 기병의 사용법을 논하고 있는데, 거기에 의하면 여러 가지 술책에 의한 변화 많은 공격법을 「기병」이라 한다.

「이위공문대(李衛公問對)」에서는 「군사들을 전진시키는 것이 정병(正兵)이고, 고의로 후퇴시키는 게 기병(奇兵)이다.」(問對上)

고 하면서, 다시

「만약 정병을 기병으로 변화시키지 못하고 기병을 정병으로 변화시키지 못한다면, 어찌 이길 수가 있겠는가? 그러므로 용병을 잘하는 사람은 기병과 정병을 자기 멋대로 하는데, 변화를 신묘하게 하는 내용은 하늘이나 그 기미를 알 것이다.」(問對上)

고 말하고 있다. 이 밖에도 이 병서의 문답은 상편(上篇)은 거의 전부를 기병과 정병의 해설에 사용하고 있다.

기병은 임기응변하는 전법이어서 마치 「상산의 사세(常山之蛇勢)」와 같다. 「그 머리를 치면 꼬리가 덤비고, 꼬리를 치면 머리가 덤비고, 중간을 치면 머리와 꼬리가 함께 덤비는 것」이 「상산의 사세」이다. 따라서 정병이 기병으로 변할 수도 있고, 기병이 정병으로 변할 수도 있는 것이다. 이러한 정병과 기병의 사용에 정통하여야만 언제나 군대는 승리를 거둘 수 있다는 것이다.

4.

군대가 적을 공격하는 일을 돌로 계란을 치는 것처럼 하는 것은, 허실(虛實)을 이용함에 달렸다.

兵之所加, 如以碬投卵者, 虛實是也.

- 加(가) : 공격을 가하는 것.
- 碬(하) : 숫돌. 여기서는 보통 「돌」의 뜻.
- 虛(허) : 빈틈. 공허(空虛).
- 實(실) : 착실. 견실(堅實).

＊ 이곳의 「허실(虛實)」, 곧 「빈틈과 견실함」도 옛부터 중국의 병가들이 많은 주의를 기울여 온 문제의 하나이다. 「이위공문대(李衛公問對)」에서도 중편(中篇)에선 적세(敵勢)의 「허실」에 대한 「기병」과 「정병」의 응용을 상당히 자세히 논하고 있다. 「용병을 함에 있어서 허실의 형세를 안다면, 곧 이기지 못하는 일이 없을 것이다.」고 말하면서 보통 「견실(實)히 대비함으로써 빈틈(虛)을 친다는 것은 알고는 있지만 적과 마주 대하였을 적에는 적의 허실을 올바로 아는 사람은 드물다.」고 하였다.

그것은 「실」과 「허」는 고정적인 것이 아니라 유동적인 것이기 때문이다. 「실」이 「허」로 변할 수도 있고, 「허」가 「실」로 변할 수도 있다. 따라서 장수는 그때그때 적의 「허실」을 정확히 판단하여 적절히 「정병」과 「기병」을 사용하지 않으면 안 된다.

「이위공문대」에서 당(唐)나라 태종은,

「기병(奇兵)을 정병(正兵)으로 쓰는 경우가 있는데, 적이 우리가 기병을 쓸 것이라고 알면, 곧 우리는 정병으로써 그들을 친다. 정병을 기병으로 쓰는 경우가 있는데 적이 우리가 정병을 쓸 것이라고 알면, 곧 우리는 기병으로써 그들을 친다. 그래서 적의 형세는 언제나 허(虛)하고 우리 형세는 언제나 실(實)하게 만드는 것이다.」

고 정병, 기병의 응용과 「허실」의 관계를 설명하고 있다. 「손자」에도 뒤에 「허실편(虛實篇)」이 있으니, 자세한 설명은 뒤로 미룬다.

5.

모든 전쟁은 정병(正兵)으로 맞붙어 싸우고 기병(奇兵)으로 이기는 것이다. 그러므로 기병을 잘 내는 군대는 변화가 무궁하기가 하늘과 땅과 같고, 다함이 없는 것이 강이나 바다와 같다. 끝났다가는 다시 시작되는 것이 해와 달이 뜨고 지는 것 같고, 죽었다가는 다시 살아나는 것이 사철(四時)이 도는 것과 같다.

凡戰者, 以正合, 以奇勝. 故善出奇者, 無窮如天地, 不竭如江海. 終而復始, 日月是也. 死而更生, 四時是也.

- 合(합) : 아군과 적군이 맞붙어 싸우는 것.
- 竭(갈) : 마르다. 다하다.

* 전쟁이란, 전체적으로 볼 때 「정병」과 「기병」의 결합이다. 보통 「정병」으로 맞붙어 싸우지만 「정병」으로 결정적인 승리를 거둘 수는 없다. 정정당당히 맞붙어 싸우게 되면 아무리 잘 싸운다 하더라도 열 명의 적을 죽이려면 우리 편에서도 그에 가까운 희생을 내지 않으면 안 된다. 손자의 병법에서는 그러한 희생을 내고 얻는 승리는 진짜 승리가 되지 못한다. 손자는 언제나 승리라면 희생이나 손실없는 완전한 승리를 말한다. 따라서 우리의 아무런 희생도 없는 승리는 술책에 의한 「기병」에 의존하지 않으면 안 된다.

　기병이란, 계책을 써서 적을 불의에 치거나 적을 우리에게 유리한 곳으로 유도(誘導)해 내어 공격하는 것이다. 전쟁 자체가 변화무쌍하고 언제나 정세가 변화하고 있음으로 이에 대응하여 그때그때 사용하는 「기병」도 그 변화가 무궁하고 그 방법이 한이 없는 것이다. 때때로 변화하는 실정에 맞추어 적절히 「기병」을 사용하지 못한다면 승리를 거둘 수 없는 것이다. 만약 적의 태세가 견실(實)하면 이에 대처하여 싸우면서 적을 허(虛)하게 만들어 기병으로 공격할 줄 모르면 안 된다. 따라서 어떻게, 언제, 어디로, 어떤 방법을 써서 나타날지 전혀 알 수 없는 게 기병이다.

　또 기병은 한 번 사용하고 마는 것이 아니다. 기병의 사용은 끝났다가도 다시 시작되고, 시작되었다가도 목적만 달성하면 바로 끝나며, 죽은 듯이 있다가도 살아나 맹렬한 공격 활동을 하고, 맹렬한 공격 활동을 하다가도 죽어버리듯 잠잠해질 수 있어야 한다. 이 말도 기병의 사용이 무쌍한 변화와 조화(造化)를 지니고 있음을 강조한 것이다. 따라서 언제나 적의 허(虛)를 칠 수 있고, 언제나 승리를 거두게 되는 것이다.

6.

소리는 불과 다섯 가지이지만, 다섯 가지 소리의 변화는 이루 다 들을 수가 없다. 색깔은 불과 다섯 가지이지만, 다섯 가지 색깔의 변화는 이루 다 볼 수가 없다. 맛은 불과 다섯 가지이지만, 다섯 가지 맛의 변화는 이루 다 맛볼 수가 없다.

聲不過五, 五聲之變, 不可勝聽也. 色不過五, 五色之變, 不可勝觀也. 味不過五, 五味之變, 不可勝嘗也.

- 聲不過五(성불과오) : 소리는 불과 다섯 가지이다. 중국의 고대 음악 음계는 「궁(宮), 상(商), 각(角), 치(徵), 우(羽)」의 다섯 가지가 있었다.
- 不可勝(불가승) : …다 이길 수가 없다. 이루 다…할 수가 없다.

- 五色(오색) : 다섯 가지 빛깔. 중국에서는 「파랑(靑), 노랑(黃), 빨강(赤), 하양(白), 검정(黑)」의 다섯 가지 빛을 오행(五行)에 배합되는 다섯 가지 원색(原色)이라 하였다.
- 五味(오미) : 다섯 가지 맛, 곧 「짜고(鹹), 쓰고(苦), 시고(酸), 맵고(辛), 단(甘)」 다섯 가지 맛으로서 역시 오행(五行)에 배합되는 근본적인 다섯 가지 맛이다.
- 嘗(상) : 맛보다.

* 「이위공문대(李衛公問對)」에서 이정(李靖)은,

「용병을 잘하는 사람은 정병을 쓰기도 하고 기병을 쓰기도 하여 적으로 하여금 예측을 하지 못하게 한다. 그러므로 정병으로도 승리하고 기병으로도 승리한다.」(上篇)

고 하였다. 정병과 기병의 사용은 그처럼 변화가 많고 적의 허실(虛實)에 들어맞아야 하는 것이다.

실제로 전쟁에 정병과 기병의 전법을 적용하는 데 있어서는 정세에 따른 변화가 이루 헤아릴 수도 없이 많음으로 도저히 이론으로 그것을 다 설명할 수가 없다. 음악에 있어서 소리의 다섯 가지가 있지만, 이 다섯 가지 소리가 합해지고 변화하고 하여 이루 다 표현할 수도 없을 무한한 여러 가지 소리를 내는 것과 같다. 빛깔에는 다섯 가지 원색(原色)이 있지만, 이것이 서로 합해지고 변화하여 한없이 무수한 색깔을 내는 것과도 같다.

이러한 변화는 장수의 지모(智謀)와 통솔력에 달렸다. 장수가 군의 편제와 직제를 올바로 하여 모두가 자기 직무에 충실하게 하고 (分數), 여러 가지 지휘를 정확히 하여야만(形名) 정병과 기병의 변화를 멋대로 부리며 유리한 전쟁을 할 수 있다. 이러한 정병과 기병의 원리는 사실은 전쟁에서뿐만 아니라 치열한 사회생활 속에서의 여러 가지 경쟁에도 응용될 수 있는 것이다. 사회생활에 있어서도 그가 상대하는 사람의 허실(虛實)을 따라 정기(正奇)를 적절히 응용하여야만 성공할 수 있을 것이다. 그러나 이 정병과 기병의 변화를 올바로 실전이나 실생활에 적용한다는 것은 쉬운 일은 아니다.

7.

여러 가지 전세(戰勢)는 기병과 정병에 불과한 것이니, 기병과 정병의 변화는 이루 다 추궁할 수가 없다. 기병과 정병은 서로 낳게 하는 것이어서 마치 끝없이 돌아가는 것과 같으니, 누가 그 궁극을 추궁할 수가 있겠는가?

戰勢不過奇正, 奇正之變, 不可勝窮也. 奇正相生, 如循環之無端, 孰能窮之哉?

- 窮(궁) : 그 궁극(窮極)을 추구하는 것.
- 循環(순환) : 둥글게 돌아가는 것.

- 無端(무단) : 끝이 없는 것.

　* 여기서도 기병과 정병은 두 가지가 서로 변화하는 것이지만, 그 변화는 무한한 것임을 강조하고 있다. 「이위공문대(李衛公問對)」에서도,

　「손무자(孫武子)가 『적의 형상을 살피고, 아군의 형상은 없게 한다.』고 말한 것은, 곧 기병과 정병의 극치(極致)를 말한 것이다. 그러므로 미리 기병과 정병으로 나누어 두는 것은 훈련과 열병(閱兵)을 위한 것이고, 때에 따라서 변화를 일으키는 것은 그 궁극을 이루 다 추구할 수가 없는 것이다.」(上篇)
고 하였다.

　「육도(六韜)」에서 태공(太公)이,

　「옛날의 전쟁을 잘하던 사람들은 하늘 위에서 싸울 수 있었던 것도 아니요, 땅 밑에서 싸울 수 있었던 것도 아니며, 그들의 성공과 실패는 모두가 신묘(神妙)한 정세로 말미암아 결정되었다.」(奇兵)
고 말한 것도 기병과 정병의 변화를 신묘하게 다루는 장수의 능력을 얘기한 것이다. 따라서 「이위공문대」에서는 기병과 정병을 통하여 장수의 능력을 다음과 같이 평가하고 있다.

　「장수가 정병만을 쓸 줄 알고 기병을 쓰지 못하면, 곧 수비에만 적합한 장수이다. 기병만을 쓸 줄 알고 정병은 쓰지 못하면, 곧 공격에만 적합한 장수이다. 기병과 정병을 모두 쓸 줄 알아야만 국가를

보필할 만한 장수인 것이다.」(上篇)

따라서 장수는 기병과 정병의 응용을 모두 익히도록 노력하여야 된다는 것이다.

이 기병과 정병은 「역학(易學)」에 적용시켜 풀이하면, 「음(陰)」과 「양(陽)」이나 같은 것이다. 음양의 변화에서 만물과 만물의 변화가 생겨나듯이 정병과 기병의 변화로서 전쟁은 이루어진다는 것이다.

「노자(老子)」에는,

「화(禍)에는 복(福)이 깃들어 있고 복에는 화가 숨겨져 있으니, 누가 그 궁극을 알 수가 있겠는가? 그것은 끝이 없는 것이다. 정(正)이 다시 기(奇)가 되기도 하고, 선(善)함이 다시 요사스러움(妖)이 되기도 한다. 사람들은 미혹되어 온 지가 오래되었다.」

고 하였는데, 기병과 정병의 응용도 이와 같은 것이다.

8.

세찬 물의 빠른 흐름이 돌까지도 떠내려 보내게 되는 것은 세(勢)이다. 매 같은 새가 빨리 날아 다른 새의 몸을 부수고 뼈를 부러뜨리는 것은 절도(節)인 것이다.

激水之疾, 至於漂石者, 勢也. 鷙鳥之疾, 至於毀折者, 節也.

- 激水(격수) : 격한 물. 세찬 물.
- 疾(질) : 빠름.
- 漂(표) : 물에 뜨다, 떠내려가다.
- 鷙鳥(지조) : 매나 독수리 같은 사나운 새, 새매.
- 毁折(훼절) : 참새 같은 다른 새들의 몸을 쳐서 뼈를 부러뜨리게 하는 것.

* 전쟁에 있어서는 적을 격파할 위세(威勢)가 있어야 하고, 공격에 있어서는 숨쉴 여유도 주지 않고 공격하는 절도가 필요하다. 우선 싸움에는 적을 누르는 위세가 있어야만 적을 꼼짝도 못하게 만들 수 있다. 위세란 부드럽고 가벼운 물이 세차게 흐르는 힘을 이용하여 무겁고 단단한 돌을 떠내려 보내는 것과 같은 것이다. 그러므로 적은 병력으로도 세만 잘 이용하면 많은 병력의 적을 무찌를 수 있는 것이다.

「육도(六韜)」에서 태공(太公)은,

「세(勢)는 적군의 동향에 근거를 두는 것이다.」(軍勢)고 하였다. 즉 적군의 움직임에 따라 적절히 대응함으로써 승리를 거둘 수 있는 세가 얻어진다는 것이다.

적을 공격하는 데 있어서는 숨쉴 여유도 주지 말고 급속히 공격하는 절도가 있어야 한다. 모든 공격에 있어서 행동이 빨라야 한다는 것은, 공격자의 첫째 요건이다. 공격의 속력이 빨라야만 행동에 가속이 생겨서 비명도 지를 겨를 없이 대군을 무너뜨릴 수가 있는 것이다. 공격의 행동이 느리면 설사 한 모퉁이가 공격에 의하여 무너졌다 하더라도 적은 즉시 전열을 가다듬어 반격을 하거나 방어를 더욱 튼튼히 할 것이다. 그러므로 공격은 한 모퉁이가 무너지기 시작하면 다시 정비하거나 반격할 여유도 없이 전군이 깨어지도록 세차고 재빠르게 행해져야만 한다. 그리고 이처럼 빠르게 적을 공격한다는 것은, 전쟁을 재빨리 종결시켜 전쟁으로 인한 희생을 줄이는 데도 도움이 될 것이다.

9.

그러므로 전쟁을 잘하는 사람은 그의 세(勢)는 험하고, 그의 절도는 짧다.

故善戰者, 其勢險, 其節短.

- 險(험) : 험하다. 강하다. 세차다.
- 短(단) : 시간적으로 짧은 것.

* 앞에서 전쟁에는 승리할 수 있는 세를 갖고 있어야 하고 공격함에 있어서는 재빠른 절도를 갖고 있어야만 한다고 하였다. 따라서 전쟁을 잘하는 사람은 자연히 그의 군세(軍勢)는 언제나 세차서 적을 압

도하고, 공격하는 절도는 짧게 끊어지므로 일격에 적을 무너뜨린다.

이러한 강한 군대의 세는 물론 병법의 지혜 있는 응용에 의하여 얻어지는 것이다. 적의 동정을 정확히 파악하고 또 그 변화하는 동정에 따라 적절히 대처할 줄 모른다면 이러한 세는 얻어지기 어려운 것이다. 공격의 절도도 지휘관의 빈틈 없는 통솔력과 정확한 판단력 없이는 불가능한 것이다. 완전한 통솔에 의하여 전부대를 한몸처럼 움직이며 정확한 판단에 의하여 공격을 가할 때 재빠른 절도가 비로소 생겨나게 되는 것이다.

10.

새는 잡아당긴 쇠뇌와 같고, 절도는 쇠뇌에서 화살이 튀어나가는 것과 같은 것이다.

勢如彍弩, 節如發機.

- 彍(확) : 쇠뇌(弩)의 활줄을 잡아당기는 것. 쇠뇌는 속사(速射)할 수 있도록 기계 장치로 만들어진 강한 활.
- 發機(발기) : 쇠뇌에서 화살이 튀어나가게 하는 방아쇠나 비슷한 것(機)을 당기는 것.

* 세는 적에게 위압을 가하여 적을 위축시키는 한편 아군에겐 치는 힘을 보태주는 것이어서 마치 잔뜩 잡아당겨서 조여진 쇠뇌와 같은 것이다. 그 쇠뇌줄은 언제 화살을 튕겨낼지 모르며, 한 번 튕겨지기만 하면 아무도 그것을 막을 수 없으므로, 그 앞에 위축당하지 않을 수 없다. 전쟁을 승리로 이끌기 위하여서는 그처럼 위력 있는 세를 지녀야만 한다는 것이다.

앞에서도 「절도는 빠르다」고 하였지만, 공격하는 절도란 쇠뇌의 조여진 줄을 튕겨 화살이 발사되는 것과 같아야 한다는 것이다. 쇠뇌의 화살은 화살통에서 튕겨나가기만 하면 눈 깜짝할 사이에 겨냥된 표적을 뚫는다. 공격의 절도도 그와 같이 빠르고도 결정적이어야 한다는 것이다.

여기의 쇠뇌를 이용한 「세」와 「절도」에 대한 비유는 무엇보다도 그것들을 정확히 이해시켜 주었을 줄로 믿는다.

11.

이리 엉키고 저리 엉키며 어지러이 싸운다 하더라도 혼란을 이루어서는 안 된다. 분간할 수 없을 만큼 혼돈상태로 둥그런 형태를 하고 있지만 패할 리가 없는 것이다.

紛紛紜紜, 鬪亂而不可亂. 渾渾沌沌, 形圓而不可敗.

- 紛紛紜紜(분분운운) : 실이 어지러이 엉클어진 모양.
- 不可亂(불가란) : 전쟁은 어지러이 한다 하더라도 군대의 통솔이나 대형 자체까지도 혼란해져서는 안된다는 말임.
- 渾渾沌沌(혼혼돈돈) : 형체가 분명치 않은 혼돈 상태. 자욱히 뒤엉키어 있는 것.
- 形圓(형원) : 둥굴게 뒤엉키어 있는 것.

* 전쟁터에서 어지러이 싸운다 하더라도 군대의 통솔이나 질서 명령 자체까지도 어지러워져서는 안 된다. 어지러이 싸운다고 통솔력이 혼란해지는 군대는 정병과 기병의 변화를 응용할 수 없는 군대이다. 그리고 재빠른 절도로 공격을 가할 수도 없을 것이다. 전쟁이 아무리 어지러이 벌어진다 하더라도 군대의 명령 계통이나 질서는 조금도 문란해져서는 안된다는 것이다.

한 발자국 더 나아가 얘기하면 군대의 명령 계통이나 자체의 질서는 조금도 문란해지지 않으면서 어지러이 정병과 기병으로 변형하면서 공격에 임해야만 한다. 그러면 적은 이편의 균형을 보고도 군의 실정이 어떤지를 도저히 파악하지 못할 것이다.

「삼국지(三國誌)」를 보면, 유명한 책사(策士)인 제갈공명(諸葛孔明)이 새깃 부채를 들어 팔진(八陣)을 펴면 진두(陣頭)에 홀연히 구름과 안개가 일어나 수만의 군사가 연기 속에 싸인다. 여기에「구름과 연기가 일어난다」한 것은, 실제로 군인들 사이에 구름과 연기가 일어나는 게 아니라. 그 진형(陣形)의 변화가 급속하여 겉으로 보면 「혼혼돈돈」히 마치 구름과 연기가 낀 것처럼 형체를 분간할 수 없게 됨을 말하는 것이다. 따라서 여기서「둥글다」고 한 것도「동그라미」가 아니라 자욱히 한 개의 겉모양이 뚜렷하지 않은 원형으로 보임을 말한다. 이처럼 변화가 신묘(神妙)한 군대라면 절대로 전쟁에 패할 리가 없을 것이다.

12.

어지러움은 다스림에서 생겨나며, 비겁은 용기에서 생겨나며, 약함은 강함에서 생겨나는 것이다.

亂生於治, 怯生於勇, 弱生於强.

• 怯(겁) : 비겁, 겁냄.

* 이것은 역학(易學)의 원리를 적용한 것이다. 양(陽)이 극하면 음(陰)이 생겨나고, 음이 극하면 양이 생겨난다. 마찬가지로 사회의 혼란은 치안(治安)으로부터 생겨난다. 물론 반대로 혼란에서 다스림이

생겨난다고도 할 수 있다. 또 비겁함도 용기로부터 생겨난다. 용기가 극에 이르면 겁이 생겨나는 것이다. 자기의 몸을 죽여 적의 요새를 파괴하여 전부대의 생명을 구하겠다고 나서는 용사의 마음에도 죽음에 대한 두려움이 스쳐갈 것이다. 그것은 용기가 있음으로써 생긴 겁이라 할 수 있을 것이다. 반대로 겁내는 데서 용기도 생겨난다. 지렁이가 밟히면 꿈틀하듯이 아무리 비겁자라도 궁지에 몰리면 반항해 보려는 마음을 가져보는 것이다. 같은 원리로 약함도 강함에서 생기고, 반대로 강함도 약함에서 생겨난다.

이러한 상성원리(相成原理)에서 벗어나 이를 전쟁의 형상에 적용시켜 보면 어떨까? 그러면 곧 군대의 변화 많은 전략을 뜻하게 된다. 다스려져 있는 듯 보이면서도 실은 어지럽고, 어지러운 듯이 보이면서도 실은 다스려져 있어야 한다. 용기가 있으면서도 겁내는 체 행동하고, 겁이 나면서도 용기가 있는 체 행동하여야 한다. 강하게 보이면서도 실은 약하고, 약하게 보이면서도 실은 강해야 한다. 또는 군대의 겉모양을 어지러운 듯이 보이다가는, 또 다스려진 듯이 엇갈아 보이게 하며, 군사들이 용기가 있는 듯이 보이기도 하고, 겁을 내는 듯이 보이기도 하며, 강한 듯이 보이기도 하고, 약한 듯이 보이기도 하여야 한다는 것이다.

이처럼 군형(軍形)은 군정(軍情)과 달라야 한다는 얘기나, 군형이 겉으로 보기에 혼혼돈돈해야 한다는 얘기는 이미 앞에서도 논한 바가 있었다.

13.

다스림과 어지러움은 분수(分數)이고, 용기와 겁냄은 세(勢)이며, 강하고 약함은 형편인 것이다.

治亂, 數也. 勇怯, 勢也. 强弱, 形也.

- 數(수) : 앞에 나온 분수(分數). 군대의 편제를 가리킨다.
- 形(형) : 여기서는 「외형(外形)」이 아니라 병력, 장비, 지형, 기타 여러 가지 군의 「형편(形便)」을 뜻한다고 보아야만 할 것이다. 대부분의 학자들이 「군형(軍形)」 또는 「지형(地形)」으로 풀고 있으나 군대의 강하고 약함은 군형이나 지형만으로 결정되는 것은 아니기 때문이다.

* 앞에서 얘기한 다스림과 어지러움은 「분수(分數)」, 곧 군의 편제가 제대로 기능을 발휘하고 있느냐 못하느냐를 의미한다는 뜻이다. 그리고 용기와 겁냄은 그 군대의 세를 말하는 것이라 하였다. 군대의 세가 강하다는 것은, 그 군대의 사기가 높고 군사들에게 용기가 있음을 뜻한다. 반대로 세가 약하다는 것은, 군대의 사기가 낮고 군사들이 겁을 내고 있음을 뜻한다. 비록 수가 많고 장비가 우수하다 하더라도 사기가 형편 없고 겁내고 있는 군대는 병력이 적고 장비가 부족하더라도 사기가 드높고 용감한 군대를 당해내지 못할 것이다. 끝으로 강하고 약하다는 것은 군대의 형편을 얘기하는 것이라

는 것이다.

「형편」이란 병력, 무기, 장수, 보급, 지형 등 여러 가지 전쟁과 관계 있는 조건들을 통틀어 말한다. 이러한 여러 가지 조건이 좋은 군대는 보통 싸워보지 않았다 하더라도 강한 군대라 말하고, 이러한 조건들이 불리한 군대를 약하다고 말하는 것이다. 그렇다면 강하다고 반드시 승리를 거둔다고 말할 수는 없을 것이다. 강한 군대도 잘못하면 얼마든지 패배할 수 있다.

14.

그러므로 적을 잘 움직이는 사람은 군형(軍形)을 나타내어 적이 반드시 따르게 하며, 유리한 듯한 조건을 주어 적이 반드시 취하도록 한다.

故善動敵者, 形之敵必從之, 予之敵必取之.

- 形之(형지) : 군형(軍形) 또는 진형(陣形)을 위장(僞裝)하여 펴 보이는 것.
- 予之(여지) : 짐짓 적에게 유리한 듯한 조건을 만들어주는 것.

* 전쟁에서는 자기도 기민하게 움직여야 하지만, 그러한 움직임

을 통하여 적도 움직일 줄 알아야 한다. 아군의 움직임이나 겉모양으로 적을 움직인다는 것은, 곧 위계(爲計)의 사용을 뜻한다.

「위계」의 첫째 조건은, 겉으로 드러나는 군형이나 진형을 보고 적군으로 하여금 아군의 실정을 파악치 못하게 하는데 있다. 군형이나 진형을 통하여 적이 실정이나 실태를 파악해 버린다면 위계가 성립될 수 없을 뿐더러 전쟁의 주도권을 잡기 곤란하다. 위계를 사용하기 위하여는 적이 우리의 군형을 보고 실정을 알아차리지 못하게 할 뿐 아니라 한 걸음 더 나아가서 우리가 표시하고자 하는 위장된 군형을 적으로 하여금 믿도록 만들어야만 한다. 적이 우리의 위장된 군형을 바라는 대로 믿는다는 것은, 적을 우리가 바라는 방향으로 움직일 수 있음을 뜻한다. 적을 우리가 바라는 대로 움직일 수 있다면 언제나 유리한 위치에서 공격을 가하여 승리를 거둘 수가 있을 것이다.

위계를 성공시키기 위하여는 적을 움직이어 우리에게 유리한 조건으로 유인해 내지 않으면 안 된다. 그러기 위하여는 적에게 틈을 보이거나 유리한 듯한 조건을 보여줌으로써 적이 바라는 방향으로 나오게끔 만들 줄 알아야 한다. 그것은 마치 물고기에게 낚싯밥을 던져주는 것과 같다. 물고기들이 낚시 근처로 모여들기만 하면 낚시를 문다는 것은 시간 문제인 것이다.

유리한 조건을 내보인다는 것은, 부대의 전략적인 면 이외에도 현대전에 있어서는 「부비트랩」 같은 것이 있다. 적군이 좋아할 만한 물건을 땅바닥에 떨어뜨려 놓고 거기에 수류탄이나 지뢰를 연결시켜 놓는다. 그 물건에 탐을 내고 줍다 보면, 수류탄과 지뢰가 폭발하여 적은 산산조각이 나고 만다. 이러한 위계의 사용을 통하여 승리를 쉽사리 거둘 수 있는 것이다.

15.

이로움으로써 적을 움직이고, 속임수로써 적을 대하는 것이다.

以利動之, 以詐待之.

- 詐(사) : 속임수. 사술(詐術).

* 결국 위계란, 적에게 유리한 듯한 조건을 만들어주어 그곳으로 적을 유인하는 것이다. 그리고 적이 그곳으로 유인될 것에 대비하여 군사들을 매복(埋伏)시켜 놓는다든가 하여 이들을 무찌를 준비를 해둔다는 것이다.

유리한 듯한 것을 좇다가 위계에 잘못 걸리면 그 군대는 큰 타격을 받게 될 것이다. 설사 그 군대의 한 조그만 부대가 위계에 걸려 전멸했다 하더라도 그것이 전군에 미치는 영향은 막대한 것이다. 그로부터는 정찰된 군형을 믿기도 어렵게 되고 믿지 않자니 전략을 세울 수가 없게 된다. 그리고 군사들은 계략에 쉽사리 깨어지는 자기편의 패배를 보고 사기를 잃을 것이며, 지휘관의 능력을 의심하게 될 것이다.

이렇게만 되면 적군은 전략이 어지러워지고 사기가 저하되어 더욱 전쟁을 우리 편 마음대로 수행할 수 있게 될 것이다.

16.

그러므로 전쟁을 잘하는 사람은 병세(兵勢)에서 승리를 구하지, 개인에게 책임을 추궁하지 않는다. 그러므로 사람을 잘 가리어 쓰면서 병세에 승리를 맡기는 것이다.

故善戰者, 求之於勢, 不責於人. 故能擇人而任勢.

- 求之(구지) : 승리를 구하는 것.
- 任勢(임세) : 병세(兵勢), 또는 전쟁의 대세에 승패를 맡겨두는 것.

* 전쟁을 잘하는 장수는 싸움의 대세를 유리하게 이끌어 승리를 하려 하지 한 사람 한 사람의 행동을 책하여 승리를 거두려 들지 않는다. 그것은 말을 바꾸면 자기 군사들 전체의 사기를 돋구어 전쟁을 유리하게 이끌려 하지 한 사람 한 사람의 행동을 책함으로써 사기를

저하시키지 않는다는 것이다.

위료자(尉繚子)에선 「용병을 잘하는 사람은 적의 사기는 뺏지만, 자기 부하들의 사기는 뺏지 않는다.」(戰威)고 하였다.

승리를 부하 개인의 행동에 책임을 돌리지 않는다고 하여 부하들의 행동을 방임한다는 것은 아니다.

「오자(吳子)」에서 무후(武侯)가 「군대는 무엇으로써 승리하는 겁니까?」하고 묻자,

오기(吳起)는 「다스림으로써 이깁니다.」(治兵)

라고 대답하고 있다. 여기의 「다스림」이란, 군의 통솔력이나 질서 같은 것을 말한다. 군대가 통솔이 잘 되자면 장수는 자기 부하들의 능력을 올바로 평가하여 적절한 책임을 맡겨야만 한다. 여러 휘하의 지휘관은 모두 통솔력이 있고 명령에 충실한 자들이어야 하며, 기병은 말을 잘 타고 활 쏘는 사람은 사격에 뛰어나고 창 쓰는 사람, 칼 쓰는 사람 등이 모두 자기 소질에 맞아야만 한다. 그렇게만 되면 장수가 개개인의 행동을 책하지 않더라도 유리한 대세가 형성되어 전쟁을 승리로 이끌 수 있을 것이다.

17.

병세(兵勢)에 승리를 맡기는 사람은 그가 사람들을 쓰는 것이 마치 나무나 돌을 굴리는 것과 같이 된다. 나무

와 돌의 성질은 편안히 두면 가만이 있고, 위태로운 장소에 놓이면 움직이고, 모가 나게 하면 멎어지고, 둥글게 하면 굴러가는 것이다.

任勢者, 其用人也, 如轉木石. 木石之性, 安則靜, 危則動, 方則止, 圓則行.

- 安(안) : 편안히 아무런 외부의 힘도 가하여지지 않고 있는 것.
- 危(위) : 외부로부터 균형을 잃을 만큼 힘이 가하여지거나 놓여 있는 장소가 안정되지 못하고 위태로운 것.

* 전쟁을 잘하는 사람은 대세로써 승리를 거두려 한다. 대세로서 승리를 거두자면 군의 통솔이 마치 나무나 돌을 굴리듯 마음대로 되어야만 대세를 결정지을 수 있다. 나무나 돌은 사람이 그대로 버려두면 가만이 있고, 굴리거나 비탈길에 놓으면 굴러내린다. 그리고 모가 지게 하여놓으면 여간해서 움직이지 않고, 둥글게 하여 놓으면 조금만 힘이 가해지거나 장소가 불안해도 굴러다닌다. 군사들은 이러한 돌이나 나무처럼 뜻대로 움직일 수 있어야 한다. 부하들을 모나게도 만들고 둥글게도 만들며, 안정시켜 놓을수도 있고 부단히 움직이게 하여 놓을 수도 있어야 된다. 그것은 군의 빈틈 없는 조직과 훈련을 통해서 이루어지는 것이다. 군대의 개성은 군대내의 군사 한 사람 한

사람의 개성으로 이루어지는 것이 아니라 지휘관의 통솔에 의하여 이루어져야만 하는 것이다.

18.

그러므로 부하들을 잘 싸우게 하는 군대의 세(勢)는, 마치 둥근 돌을 천 길이나 되는 산 위로부터 굴리는 형세가 되는 것이다.

故善戰人之勢, 如轉圓石, 於千仞之山者, 勢也.

• 仞(인) : 길이의 단위. 여덟 자(八尺)가 1인(仞) 임.

* 전쟁을 잘하는 사람이란, 부하들로 하여금 잘 싸우도록 만드는 사람을 가리킨다. 부하들로 하여금 잘 싸우도록 만드는 사람이란, 부하들을 마음대로 통솔할 수 있는 사람이다. 부하들을 마음대로 통솔할 수 있다면 결정적인 승리를 거둘 수 있도록 대세를 결정지을 수가 있다. 부하들을 마음대로 통솔하여 이룬 병세란 마치 천 길이나 되는 산 위에서 둥근 돌을 굴러 떨어지게 하는 거나 같아서 아무도 그 세를 감당할 수 없게 된다. 여기에 맞서는 자들은 파멸이 있을 따름이다.

춘추전국 시대에는 사회를 지배하는 두 가지 이질적인 커다란 계열이 있었다. 그것은 사회를 질서지우려는 규범으로서의 도덕률(道德律)과 그것을 정면으로부터 파괴해 버리는 전쟁이다. 파괴력은 언제나 무엇보다도 구속력(拘束力)이 강한 결정적인 것이므로 세계의 질서를 되찾으려는 유가들의 노력에도 불구하고 세상은 언제나 혼란 속에 역사를 계속시켜 왔다.

  춘추전국시대뿐만 아니라 지금까지도 이러한 질서와 파괴의 이질적인 두 가지 요소는 그대로 존재하고 있다. 세계의 평화를 추구하는 수많은 사람들의 피땀 어린 노력과 봉사에도 불구하고 전쟁은 자취를 감추지 않고 있다. 그뿐만이 아니라 전쟁을 지지하는 자들의 수도 실제로는 적지 않게 있다. 이것은 사람뿐만 아니라 모든 동물들에 내재(內在)하고 있는 투쟁적인 본능 때문인지도 모른다. 그것은 상대방을 정복하려는 무력적인 의욕을 말한다. 사회생활에 있어서 그러한 투쟁처럼 분리력(分離力)이 강하고 파괴적인 것은 없다. 투쟁은 수많은 사람들의 목숨과 재산을 앗아가고, 수많은 사람들을 불행하게 만드는 비정(非情)하고도 반도덕적인 행동이다.

  그런데도 어째서 사람들은 서로 죽이고 서로 못 살게 굴지 않으면 안되는가? 어떤 학자는「성욕이 투쟁의 근원」이라고도 하고, 어떤 학자는「식욕이 투쟁의 근원」이라고 하였다. 성욕으로 말미암은 이성(異性)에 대한 집념(執念)은 끈질긴 배타성(排他性)을 지니며, 그의 대상은 절대로 다른 것으로 대치될 수가 없다. 그래서 남이 보기엔 우습기 짝이 없지만 한 여자를 사이에 두고 두 남자가 생명까지도 바치며 싸움을 계속한다. 아직도 수준이 낮은 백성들의 정념(情念)을 선동하기 위하여 영화나 연극에서는 이러한 투쟁이 영화나 연극의 주제로 흔히 쓰이고 있다. 그것은 이성에 대한 편의(偏倚) 경향과 독점욕과 극복감은 다른 방법으로는 종식(終熄)될 수가 없는 것이기 때문이다.

투쟁이 이처럼 성욕에서 시작되었는지 모르지만 사회의 조직이 발달할수록 재물이나 토지가 더욱 뚜렷한 투쟁 목표로 변하였다. 이런 면에서는 성욕보다 식욕이 투쟁의 중요한 원인이라 할 수 있을는지도 모른다. 아직도 여러 단체와 단체, 국가와 국가, 민족과 민족들은 자기들의 물질적인 이해 관계를 놓고 수만 또는 수백만의 인명과 재산을 전쟁이란 도박을 위하여 걸고 있다. 성욕이 바탕이건 물욕이 바탕이건, 이러한 개인적인 또는 어느 집단만의 욕망 때문에 전인류의 생명과 재산과 행복이 늘 위협을 받고 있다는 것을 가만히 보고만 있을 수는 없는 일이다. 남을 사랑하고 인류를 사랑할 줄 안다면 어떠한 이유로도 전쟁을 도발할 수는 없을 것이다. 우리는 이제껏 지키려던 단순한 사회적인 도덕률을 발전시킬 뿐만 아니라 파괴적이고도 부도덕적인, 심지어 반인류적(反人類的)이라고까지도 할 수 있는 전쟁 도발을 종식시킬 수 있는 규범과 사상을 개발하여야만 할 것이다.

손자

제6권

6. 허실편 虛實篇

「허실」이란 「빈틈」과 「착실」한 것이다. 전쟁의 묘미는 허실의 운용에서 생기는데, 이것은 「거짓」과 「진실」로도 변하여 전쟁 변화의 음(陰)과 양(陽)을 이룬다. 이 「허실」의 운용을 통하여 앞에서 논한 「정병」과 「기병」의 변화도 실전에 응용될 수가 있는 것이다.

「이위공문대(李衛公問對)」에서 당(唐)나라 태종(太宗)은 「내가 보기에는 여러 병서(兵書)들 가운데에서 손자보다 더 뛰어난 것은 없다. 손자 13편(十三篇) 중에서 허실을 논한 것보다 더 뛰어난 것은 없다.」(中篇)

고 하였다. 예부터 「허실」의 문제는 여러 병가들이 모두 주의를 기울여 왔지만 손자처럼 뛰어난 이론을 전개한 이는 없다는 것이다. 그리고 앞의 전쟁의 기본 이론을 제외하면 실전에 응용할 수 있는 병법의 중심이 되는 것이 이 「허실」에 관한 이론이다. 「허실」을 올바로 이해하여야만 전쟁의 변화에 응하여 정병과 기병을 적절히 사용함으로써 적을 깨칠 수가 있는 것이다.

1.

손자가 말하였다.

모든 용병은 전쟁터에 먼저 자리를 잡고서 적을 기다려야 군대가 편안하다. 뒤늦게 전쟁터에 자리를 잡고서 싸우러 나아가는 군대는 수고롭다. 그러므로 전쟁을 잘하는 사람은 적을 자기 뜻대로 불러들이지 적의 뜻대로 불려가지 않는다.

孫子曰, 凡用兵, 先處戰地, 而待敵者, 佚. 後處戰地, 而趨戰者, 勞. 故善戰者, 致人, 而不致於人.

- 佚(일) : 逸(일)과 통하여, 「편안함」, 편히 싸워 이길 수 있게 된다는 뜻.
- 趨戰(추전) : 싸우러 나아가는 것.
- 致人(치인) : 적을 자기가 바라는 대로 유인해 들이는 것.

- 致於人(치어인) : 적에게 유인을 당하여 그들이 바라는 대로 움직여가는 것.

* 「사기(史記)」에서 사마천(司馬遷)은 「앞서면 곧 남을 제압하고 뒤지면 곧 남에게 제압을 당한다.」고 말하였는데, 이는 손자의 병법을 적용한 말이다. 무슨 일에나 남보다 앞서 준비를 갖추고 있으면 문제 없이 경쟁에서 남을 앞설 수 있다. 그러나 남보다 뒤늦게 착수하여 아무런 준비도 없이 일에 달려들면 무슨 일에나 성공하지 못할 것이다. 이처럼 전쟁이나 모든 일에 미리 대비를 갖추고 기다리고 있는 것은 「실」한 것이고, 아무런 대비도 없이 허둥지둥 일에 달려드는 것은 「허」한 것이다. 「실」한 자는 실패가 없고, 「허」한 자는 실패를 한다.

그러나 전쟁에 있어서 「실」과 「허」의 운용은 그렇게 간단하지 않다. 서로가 미리 싸울 준비를 한 다음 전쟁을 벌이는 경우도 있을 것이고, 싸울 생각도 않고 있다가 갑자기 어떤 일로 성이 나서 달라붙어 싸우는 경우도 있을 것이다. 그러므로 실전에 있어서는 「허」와 「실」의 변화를 잘 이용해야 한다. 한편을 「허」하게 하여 놓고 적을 그곳으로 유인한 다음 「실」로 공격한다든지, 겉은 「허」한 듯이 보임으로써 적이 공격해 오도록 유인한 다음 「실」로써 치는 수도 있다. 그 밖에 「허실」을 전후·좌우로 옮기면서 적의 작전을 교란시킬 수도 있다.

따라서 전쟁을 잘하는 사람은 「허실」의 응용으로 언제나 적을 유인한다. 적을 유인하여 움직이게 한다는 것은, 적을 불리한 곳으로 인도한 다음 자기들은 유리한 위치에서 적을 공격하는 것을 의미한다. 다시 말하면, 자기의 「허실」뿐만 아니라 적의 「허실」까지도 뜻대로 조정하면서 여기에 「정병」이나 「기병」을 사용하는 것이다. 「기병」, 「정병」과 「허실」의 관계에 대하여 「이위공문대(李衛公問對)」에는 다음과 같은 말을 하고 있다.

「기병과 정병은 허실을 이루게 하는 근거이다. 적이 실하면 곧 우리는 반드시 정병으로 이에 대처하고, 적이 허하면 곧 우리는 반드시 기병으로써 이에 대처한다. 진실로 기병과 정병을 이해하지 못한다면, 곧 비록 적의 허실을 안다 해도 어찌 그들을 유인하여 칠 수가 있겠는가?」(中篇)

「허실」, 「정병」, 「기병」은 서로 대응을 이루며 변화해야만 되는 것이다.

2.

적군으로 하여금 바라는 곳으로 스스로 오게 할 수 있는 것은, 그들에게 유리하게 보임으로써이다. 적군으로 하여금 그들이 유리한 곳으로 오지 못하게 하는 것은, 그들에게 해롭게 보임으로써이다.

能使敵人自至者, 利之也. 能使敵人不得至者, 害之也.

- 自至(자지) : 스스로 우리가 바라는 곳으로 오도록 만드는 것.
- 利之(이지) : 그리로 오는 것이 그들에게 이로운 듯이 보인다는 뜻.
- 不得至(부득지) : 적이 그곳으로 오면, 우리에게 불리한 곳이라면 그곳으로 오지 못하도록 만드는 것.

* 적을 우리가 바라는 곳으로 유인하는 방법은, 외형(外形)을 위장하여 그곳으로 가는 것이 유리한 듯 보이는 것이다. 곧 겉으로 「허」하게 보이면, 적은 그곳을 치려고 그리로 몰려들 것이다. 반대로 적이 그곳으로 오면, 불리하다고 생각되는 곳은 적으로 하여금 그리로 가면, 해롭다고 느끼게끔 외형을 위장하여야 한다. 곧 겉으로 「실」하게 보이면, 적은 감히 그곳으로 달려들지 못한다.

이처럼 적을 유인하는 방법은 단순한 듯하지만 공격이나 수비 모두 전쟁에 응용되는 것이다. 그렇게 할 수 있는 첫째 요건은, 우리의 실정을 적에게 알리지 않는 것이다. 현대전으로 올수록 무기는 더욱 발달하여 군형(軍形)과 실정(實情)을 위장할 필요가 생긴다. 적의 내막을 자세히 알면, 일격에 적의 기능을 마비시킬 타격을 가할 만한 무기가 준비되어 있기 때문이다. 날이 갈수록 전쟁을 시작하기도 전부터 첩보전(諜報戰)이 치열히 전개되고 있는 것은 그 때문이다. 지금도 손자의 「허실」의 원리를 응용할 줄 모른다면 전쟁에 승리를 거두기 어려울 것이다.

3.

그러므로 적이 편안하게 있으면 그들을 수고롭게 만들고, 적이 배불리 먹고 있으면 그들을 굶주리게 만들고, 적이 안정되어 있으면 그들을 동요(動搖)케 하여야 한다.

그리고는 적이 수비하지 않는 곳으로 가서 공격하고, 그들이 뜻하지 않는 곳을 쳐야 하는 것이다.

故敵佚, 能勞之. 飽, 能饑之. 安, 能動之. 出其所不趨, 趨其所不意.

- 飽(포) : 배불리 잘 먹는 것.
- 饑(기) : 굶주리는 것.
- 安(안) : 위의 「佚(일)」이 「편안히 지내는 것」이니까 이곳의 「安」은 「안정되어 있는 것」.
- 動(동) : 동요(動搖)시키다. 경동(驚動)시키다.

- 出(출) : 나아가 공격하는 것.
- 不趨(불추) : 적이 나서서 수비하지 않는 곳. 「古本」에는 「필추(必趨)」로 되어 있어 「우리가 반드시 나아가야만 할 곳으로 나아가 공격한다.」고 해석해야 할 것이다. 아무래도 보통 판본만큼 뜻이 잘 통하지 않는 듯하여 「불(不)」자를 썼다.
- 趨(추) : 나아가 공격하는 것.

*「오자」에서도 전쟁은 「가까운 거리를 움직이면서 멀리 오기를 기다리고, 편안히 있음으로써 수고롭기를 기다리고, 배부르게 지냄으로써 굶주림을 기다린다.」(治兵)하였으니, 적으로 하여금 수고롭고 굶주리고 동요하도록 만들어야 승리할 수 있다.

「이위공문대(李衛公問對)」에서 이정(李靖)은 태종(太宗)이 「손자가 말한 힘을 다스린다(治力)는 것은 어떻게 하는 것이냐?」고 물었을 때, 다음과 같은 대답을 하고 있다.

「가까운 거리를 움직이면서 적은 먼 거리를 움직이기를 기다리고, 편안히 지내면서 적은 수고롭기를 기다리고, 배부르게 지내면서 적은 굶주리기를 기다린다 하였는데, 이것은 그 대강을 얘기한 것입니다. 용병을 잘하는 사람은 이 세 가지를 미루어 여섯 가지 뜻으로 해석하고 있습니다. 적을 유인함으로써 오는 것을 기다리고, 안정되어 있으면서 적이 조급해지기를 기다리고, 자중함으로써 적의 경솔한 행동을 기다리고, 엄중히 경계함으로써 적은 나태해지기를 기다리고, 잘 통솔함으로써 적의 혼란을 기다리고, 잘 지킴으로써 적의

공격을 기다린다는 것입니다.」(中篇)

   전쟁을 유리하게 이끌기 위하여서는 우선 「허실」의 원리를 응용하여 적을 많이 움직이게 하여 지치게 만들고, 적의 양식을 허비케 하여 굶주리도록 만들며, 적군이 동요하도록 만들어야 한다는 것이다.

   그런 다음에 적의 「허실」을 정확히 파악하여 그들의 「허」한 곳, 곧 잘 지키지 않는 곳이나 그들이 생각지도 않은 방향에서 공격을 감행하여 적을 처부숴야 한다는 것이다.

4.

천 리 길을 가도 수고롭지 않는 것은, 적이 하나도 없는 곳을 통과하였기 때문이다. 공격하여 반드시 뺏는 것은, 적이 지키지 않는 곳을 치기 때문이다. 지키면 반드시 견고한 것은, 적이 공격할 수도 없는 곳을 지키기 때문인 것이다.

行千里而不勞者, 行於無人之地也. 攻而必取者, 攻其所不守也. 守而必固者, 守其所不攻也.

  • 無人之地(무인지지) : 적군이 없는 듯 저항이 없는 곳.

* 전쟁에 완전한 승리를 거두는 요령을 논한 것이다. 제2차 세계대전 말기에 미국 공군은 일본 각지를 마음대로 폭격하였다. 특히 B29는 거의 일본 전투기들의 방해조차도 받지 않고 유유히 날아와 대낮에도 푸른 하늘에 은빛 날개를 아름답게 번쩍이며 일본의 여러 도시에 폭탄을 퍼부었다. 이 폭격기들은 폭격이 끝난 뒤에도 전혀 쫓기는 일 없이 폭격한 도시 상공을 맴돌면서 자기 폭탄이 정확히 목표물을 폭파하고 불사르는 것을 확인한 다음에야 유유히 남쪽 기지로 돌아갔다. 일본의 비행기들은 그 성능에 있어서 도저히 B29를 추격하거나 행동을 크게 방해할 능력이 없었다. 이러한 미국 공군의 일본 폭격은 여기에 말하는 손자의 병법과 꼭 들어맞는 것이었다. 미국의 폭격기들은 먼 거리를 날아왔지만 전혀 일본의 저항을 받지 않았기 때문에 지치거나 예정에 차질이 생기는 일이 없었다. 그리고 그들의 공격은 일본으로서는 도저히 수비할 수 없는 것이었기 때문에 목적에서 조금도 어긋나는 일이 없었다. 반면 자기 방어는 일본의 무기나 장비들로서는 큰 피해를 줄 수 없는 위치에 놓여 있었기 때문에 완전하였다. 손자의 병법에 의하면, 원자탄이 아니더라도 이 무렵 완전히 일본이 패배하고 있었다. 패배를 인식 못하고 끝까지 발악했던 일본의 위정자들은 그만큼 사태 판단에 어두웠다고 할 수 있을 것이다. 만약 일본의 지도자들이 이처럼 자명(自明)한 손자병법의 원리를 좀 더 잘 알고 있었더라면 수백만의 인명과 수억의 재산 피해를 미리 막을 수 있었을 것이다.

이처럼 전쟁의 대세가 완전히 기울어지지 않았을 적에라도 「허실」을 잘 응용하면 「무인지경을 가는 것처럼 천 리 길을 지치는 일 없이 갈 수 있고」, 「적이 지키지 않는 허한 곳을 공격하여 반드시 깨칠 수 있고」, 「적의 허실에 따라 수비함으로써 틀림없는 방위를 할 수 있다.」는 것이다.

5.

그러므로 공격을 잘하는 사람에 대하여는 적군은 그들이 지킬 곳을 알지 못한다. 수비를 잘하는 사람에 대하여는 적군은 그들이 공격할 곳을 알지 못한다.

故善攻者, 敵不知其所守. 善守者, 敵不知其所攻.

* 공격을 잘하는 군대는 「정병」과 「기병」의 변화를 응용하여 「허」와 「실」을 따라 공격한다. 그러므로 보통 장수로서는 그 군형(軍形)의 변화를 알아차리기가 어렵다. 상대방의 공격 방법이나 방향을 제대로 파악하기 어렵다면, 당연히 어떻게 어디를 방어해야 할는지 알 수가 없을 것이다.

반대로 수비하는 것도 그렇다. 수비하는 사람이 적의 허실을 유도하며 변화 많은 수비를 한다면, 적은 수비하는 사람의 군형을 올바로 파악할 수 없을 것이다. 상대방에게 유도를 당하며 상대방의 실정을 잘 알지도 못한 채 공격을 감행해 보아야 실패로 끝날 것은 너무나 자명한 이치이다. 따라서 공격을 하거나 수비를 하거나 상대방의 허실을 유도하면서 변화 많은 대응을 하여야 한다. 그러면 상대편은 공격을 하든 수비를 하든 어쩔 줄을 모르고 이 편이 바라는대로 끌려다니면서 전쟁을 치르게 될 것이다. 그렇게 되면 대세는 이미 한편으로 기울어진 것이 된다.

6.

미묘하고도 미묘하여 형태가 없는(無形) 지경에 이르며, 신묘하고도 신묘하여 소리가 없는(無聲) 지경에 이른다. 그러므로 적의 생명을 관장하는 사명(司命)과 같은 입장이 될 수 있는 것이다.

微乎微乎, 至於無形. 神乎神乎, 至於無聲. 故能爲敵之司命.

- 微(미) : 미세(微細)함. 미묘(微妙)함.
- 神(신) : 입신(入神)의 경지에 달함. 신묘(神妙)함.
- 司命(사명) : 본시는 별 이름, 이 별은 사람의 생명을 관장하

였는데(「宋史」天文志), 뒤에는 신(神)의 이름으로 변하였다(「禮記」祭法·「東京夢華錄」).

* 앞에서 말한 「허」와 「실」의 응용은 극히 미묘한 것이어서 그 형체를 분간할 수가 없고, 그 변화는 매우 신묘한 것이어서 소리조차도 없다는 것이다. 용병을 잘하는 사람은 이처럼 군형의 변화에 있어 「무형(無形)」·「무성(無聲)」의 경지에 도달하여야만 된다는 것이다.

「육도(六韜)」에서도 태공(太公)은,

「옛날의 전쟁을 잘하던 사람들은 하늘 위에서 싸울 수 있던 것도 아니요, 땅 아래에서 싸울 수 있었던 것도 아니며, 그들의 성공과 실패는 모두 신묘한 형세(神勢)로 말미암은 것이었다.」(奇兵)

고 말하고 있는데, 이곳의 「신묘한 형세(神勢)」가 바로 손자가 말한 「미묘한 무형(無形)의 경지와 신묘한 무성(無聲)의 경지」에 이른 「허실」에 따른 군형의 변화인 것이다.

앞의 세편(勢篇)에서,

「이리 엉키고 저리 엉키어 어지러이 싸우되 통솔이 어지러워져서는 안되며, 자욱히 혼돈하여 둥그스름한 형체로 뒤엉키어 있으되 패해서는 안 된다.」

고 한 것도 「무형」·「무성」의 경지에 이른 군대의 변화 많은 통솔 방법을 두고 얘기한 것이다.

이러한 손자의 병법은 바로 노자(老子)의 철학과 통하는 것이다.

「그것을 보아도 보이지 않는 것, 그것을 이름하여 이(夷)라고 한다. 그것을 들어도 들리지 않는 것, 그것을 이름하여 희(希)라고 한다. 그것을 쳐도 쳐지지 않는 것, 그것을 이름하여 미(微)라고 한다. 이 세 가지는 생각하고 궁리(窮理)하여도 얻어지지 않으며 혼연 일체(一體)가 된다. 위에 있어도 분명히 파악할 수 없고, 아래 있어도 어두워 분간할 수 없으며, 활동은 쉴 새 없고 무물(無物)로 귀결된다. 이것을 형상이 없는 형상(狀), 모양이 없는 모양(象)이라고도 하고, 또 황홀(恍惚)하다고도 하며, 앞에서 보아도 머리를 볼 수 없고, 뒤로 가 보아도 꼬리를 볼 수 없는 것이다.」

노자가 말하는 이(夷)·희(希)·미(微)가 손자에 있어서는 「미묘(微妙)」와 「신묘(神妙)」이며, 다 같이 「무형(無形)」하고 「무성(無聲)」한 것이다. 병가가 이러한 경지에 이르면 실지로 창칼을 들고 적과 싸울 필요는 없을 것이다. 왜냐하면 어떤 적이라도 미리 싸우기도 전에 굴복시킬 수 있는 것이기 때문이다. 손자의 이상은 바로 이러한 경지에 있었다.

7.

진격해도 방어하지 못하는 것은, 그들의 허를 찔렀기 때문이다. 물러나는 데도 추격하지 못하는 것은, 빨라서 미칠 수가 없기 때문이다.

進而不可禦者, 衝其虛也. 退而不可追者, 速而不可及也.

- 禦(어) : 방어.
- 衝(충) : 들이받다, 찌르다.
- 及(급) : 미치다.

* 이 대목은 적의 허를 찔러 눈 깜짝할 사이에 공격을 가하고 재빨리 물러나야 한다는 공격 원칙을 설명한 것이다. 이러한 예는 실전(實戰)에도 많았다.

1902년 노일전쟁(露日戰爭) 때 만주 땅으로 백만 대군을 파견한 일본은 보급과 보충병 수송에 적지 않은 애를 먹었었다. 그들이 가장 애를 먹은 것은 수송선(輸送船)으로 현해탄을 건너는 것이었다. 이때 러시아의 우리디오스독 함대는 몇 척의 속력이 빠른 구축함과 어뢰정으로 몸이 무거운 일본 수송선에 막대한 피해를 가했었다. 그중에서도 수천 명의 육군 보충부대를 가득 싣고 현해탄을 건너던 사타라마루(常陸丸)와 사토마루(佐渡丸)의 희생은 어처구니 없는 막대한 피해였다. 발이 빠른 러시아의 구축함들은 이들 두 척의 일본 수송선을 발견하고는 갑자기 다가가 이들에게 어뢰를 명중시켰다. 이들 사타라마루와 사토마루가 어뢰를 맞고 불을 뿜으며 기울어지는 것을 확인하자 러시아 구축함들은 즉시 뱃머리를 돌려 도망쳐 버렸다. 수송선을 호송하던 배들이 있기는 하였지만 워낙 졸지에 당한 공격인데다가 도망치는 러시아 구축함의 속력이 빨라서 총알 한 방 반격해 보지도 못했다. 배 위에 있던 연대장을 비롯한 지휘관들은 아비규환이 된 부하들의 모양을 바라보면서 전쟁터에는 발도 디뎌보지 못한 채 칼로 자기 배를 가르는 수밖에 없었다. 이러한 방식으로 일본의 수송선들은 러시아 함대로 말미암아 막대한 피해를 입었었다. 이것은 러시아 함대가 손자의 병법 그대로 실천한 예라고 할 수 있을 것이다.

8.

그러므로 우리가 싸우고자 할 때에는 적이 비록 높은 보루(堡壘)와 깊은 해자(濠)를 파고 있으면서도 우리와 나와서 싸우지 않을 수가 없게 만드는데, 그것은 그들이 반드시 구조해야만 할 곳을 공격하기 때문인 것이다. 우리가 싸우고자 하지 않을 때에는 비록 땅바닥에 금을 그어놓고서 그곳을 지키고 있다 하더라도 적군이 우리에게 싸움을 걸어오지 못하게 되는데, 그것은 그들의 공격이 어긋나리라고 여겨지기 때문이다.

故我欲戰, 敵雖高壘深溝, 不得不與我戰者, 攻其所必救也. 我不欲戰, 雖畫地而守之, 敵不得與我戰者, 乖其所之也.

- 壘(루) : 성벽(城壁), 보루(堡壘).
- 溝(구) : 도랑. 여기서는 적을 막기 위하여 둘레에 깊게 파놓은 해자(濠).
- 畫地(획지) : 땅바닥에 금을 그어놓는 것.
- 乖(괴) : 어긋나다. 여기서는 공격이 적의 계략에 빠져서 목적에 어긋난다고 생각하는 것.

* 적이 유리한 위치에 있을 적에는 이를 유인해 내어 싸워야 한다는 것은 앞에서도 여러 번 얘기하였다. 그 방법은 적의 중요하고도 약한 곳을 침으로써 성 안의 군대가 나와 돕지 않을 수 없도록 만드는 것 같은 것이다. 곧 적의 「실」을 유인하여 「허」하게 만들어 놓고 싸운다는 것이다.

적보다 불리한 입장에서 적은 병력으로 수비를 할 적에는 적으로 하여금 감히 덤벼들지 못하도록 하여야 한다. 곧 자기의 「허」를 「실」로 가장하여야만 한다는 것이다. 그 극단적인 예가 「삼국지(三國志)」에 보이는 제갈량(諸葛亮)의 유명한 공성계(空城計)일 것이다.

한 번은 제갈량이 적은 병력으로 허술한 성을 지키고 있을 적에 조조(曹操)의 명장 사마의(司馬懿)가 대군을 몰고 쳐들어왔다. 아군의 구원을 청할 길도 없는 제갈량으로서는 아무리 꾀를 써도 사마의의 군대와 싸워 이길 길이 없을 것 같았다. 이때 가까스로 제갈량이 생각해 낸 계략이 「공성계」인 것이다. 제갈량은 스스로 정갈한 옷으로 갈아입고 적이 보이는 누각 위에 앉아 아무런 무비(武備)도 갖추지 않은 채 거문고를 타고 있었다. 그리고 몇몇 동자들을 시켜 적이 쳐들어오고 있는 길을 쓸게 하였다.

공격해 오던 사마의의 군대는 제갈량의 이러한 모양을 보고 깜짝 놀라지 않을 수가 없었다. 이건 틀림없이 무슨 계책일 것이다. 자기들이 쳐들어가는 양편에는 틀림없이 군사들을 매복(埋伏)시켜 놓았을 것이라고 판단하였다. 그래서 사마의는 공격하던 군사들을 거두어 일정한 거리로 후퇴하였다. 그리고는 척후병(斥候兵)을 내어 성 안의 실정을 염탐하도록 하였다. 물론 그 사이에 제갈량은 군사를 보내어 원군을 청하였다. 다음 날 사마의가 성 안에는 정말로 소수의 군사들과 형편 없는 장비밖에는 갖추고 있지 않다는 것을 확인하고 성을 공격하려 했을 적에는 이미 성에는 원군이 도착하고 있었다. 그 결과 사마의의 군대는 빈 성을 함락시키지도 못하고 오히려 싸움에 패하여 물러나고 말았다.

이처럼 자기의 수비가 정말로 약할 적에는 겉으로는 강한 체 보임으로써 적으로 하여금 정말 약한 곳은 공격을 하지 못하도록 만들어야 한다는 것이다. 「허실」의 응용은 공격에 있어서나 수비에 있어서 이처럼 미묘한 것이다.

9.

그러므로 적에게 군형(軍形)을 드러내되 우리는 군형이 없는 듯 보이게 한다면, 곧 우리는 전쟁을 오로지 할 수 있게 되고 적은 분산된다.

故形人而我無形, 則我專而敵分.

- 形人(형인) : 적의 군대의 겉모양을 드러내게 하는 것.
- 無形(무형) : 진실한 군형이 없는 것, 곧 겉으로 보여주는 군대의 모양과 실정이 달라서 도저히 아군의 전략이나 실정을 알아볼 수 없게 하는 것.
- 專(전) : 싸움을 오로지 하다, 곧 공격이나 수비에 있어서 필요한 곳이나 필요한 경우에 온 힘을 기울일 수 있는 것.
- 分(분) : 공격력이나 수비력이 분산되어 있는 것, 곧 적의 실정이나 의도를 전혀 모르기 때문에 모든 곳, 모든 방향, 모든 지점에 언제나 신경을 쓰면서 수비를 하거나 공격을 하지 않으면 안 된다. 따라서 전투력이 분산된다.

* 적에게 겉으로 보여주는 군형과 군의 실정을 다르게 한다는 것은 「허」와 「실」을 변화시킴을 말한다. 「허」와 「실」의 변화는 「무형(無形)」의 경지에까지 이르지 않으면 안 된다. 마치 우리는 안갯속에 싸여 있는 것 같아서 얼마나 되는 병력이 어디를 어떻게 수비하

고 어느 편으로 어떻게 공격해 올는지 적으로 하여금 분간을 못하도록 만들어야 한다는 것이다.

이러한 것이「무형」의 경지이다.

그렇게 되면 우리는 온 힘을 기울여서 적의 허한 곳만을 골라 치면서 적의 실을 허로 변화시키고, 허를 실로 변화시킬 수 있다. 적은 언제나 모든 곳에 병력을 분산시켜 싸우고 있다가 이러한 변화 속에 통솔력과 전투력을 잃고 패배하고 말 것이다. 이미 이러한 군형에서 대세가 결정된다고까지 말할 수도 있을 것이다.

10.

우리는 한곳에 전투력을 오로지 투입하고 적은 열로 전투력이 나뉘게 한다. 그러므로 10배의 병력으로 10분의 1의 병력을 공격하는 셈이 된다. 그러면 우리는 병력이 많고, 적은 적은 셈이 된다. 많은 병력으로 적은 병력을 치게 되므로, 우리와 싸우는 상대방을 이기는 것은 간단하게 된다.

我專爲一, 敵分爲十, 是以十攻其一也, 則我衆敵寡. 能以衆擊寡, 則吾之所與戰者, 約矣.

- 所與戰者(소여전자) : 우리와 「더불어 싸우고 있는 자들」, 곧 적군, 상대방.
- 約(약) : 간략하다. 이기기 간단해진다. 싸우기 간단해진다.

* 아군은 공격이나 수비에 있어서 한 곳에 온 힘을 기울여 싸울 수 있고, 적은 언제나 열 곳 이상으로 병력이 분산되어 있다면 설사 똑같은 병력이라 하더라도 10배의 병력을 가지고 싸우는 꼴이 된다. 10배의 병력으로 10분의 1의 병력을 쳐서 이기는 일은 간단한 것이다.

그러기에 「위료자(尉繚子)」에서도,

「나라는 힘을 오로지 함으로써 승리할 수 있으며, 힘이 분산되는 자는 약하다.」(攻權)

고 말하고 있다. 이것은 국민의 단결력을 두고 말한 것이지만 전쟁이나 모든 일을 이루는 데도 적용될 수 있는 진리이다.

「이위공문대(李衛公問對)」에서는 변화 많은 실전에서의 힘의 통일과 분산을 다음과 같이 설명하고 있다.

「변화에 의하여 적을 제어함에 있어서는 이리저리 엉키며 어지러히 싸우되 법도는 어지러워지지 않으며, 자욱한 혼돈 상태로 둥그스름한 형태를 이루되 세력은 분산되지 않는다. 이것이 이른바 분산되어 팔진(八陣)을 이루기는 하지만 다시 하나로 통일된다는 것이다.」 (上篇)

곧 겉으로 보기에는 「허실」의 변화에 따라서 어지러히 여러 곳으로 나뉘어져 싸우고 있지만, 사실은 언제나 통솔력에 의하여 하나로 통일되어 있음으로써 한 곳에 힘을 오로지 하여 싸움으로써 적을 깨쳐야 한다는 것이다. 적은 병력으로 많은 병력의 적을 쳐부수는 비결은 바로 여기에 있는 것이다.

11.

우리가 그들과 싸우려 하는 곳을 적이 알 수 없어야 한다. 적이 알지 못하면, 곧 그들이 대비하여야 할 곳이 많아진다. 적이 대비하여야 할 곳이 많으면, 곧 우리가 싸울 상대가 적어진다.

吾所與戰之地, 不可知. 不可知, 則敵所備者, 多. 敵所備者多. 則吾所與戰者, 寡矣.

- 所與戰之地(소여전지지) : 우리가 적을 상대로 싸우려 하고 있는 지점.
- 所備者(소비자) : 적이 우리에게 대비하여야만 할 곳.

  * 여기서는 적의 병력을 분산시키는 방법을 구체적으로 설명하

고 있다. 적의 병력을 분산시키자면, 먼저 우리가 어디로부터 공격하려고 생각하고 있는지 우리의 전략이 적에게 알려지지 말아야 한다. 그뿐 아니라 계책을 써서 우리가 공격하려는 듯한 지점을 될수록 많이 만들어 놓아야 한다. 그러면 적은 우리가 침공할 가능성이 있는 모든 지점을 수비하지 않으면 안 된다. 이처럼 여러 곳을 수비한다고 하는 것은 병력의 분산을 뜻한다. 병력이 여러 곳으로 분산되어 있으면, 실제로 우리가 공격하는 지점의 병력은 적게 될 것은 말할 것도 없다.

이러한 「허실」의 변화를 적극적으로 응용하기 위하여는 한 곳을 공격하는 체하여 적의 병력을 그곳으로 집중시킨 다음 수비가 약해진 다른 곳을 공격하는 방법도 있다. 장수의 능력에 따라 이러한 변화를 더욱 복잡하고 미묘하게 일으키어 적군을 현혹시킨다. 적이 현혹케 된 다음엔 가장 우리에게 유리한 적의 허를 찌를 수 있는 권한이 언제건 우리에게 쥐어지게 되는 것이다.

12.

그러므로 앞쪽을 대비하게 되면 뒤의 병력이 적어지고, 뒤쪽을 대비하게 되면 앞의 병력이 적어진다. 왼편을 대비하게 되면 오른편 병력이 적어지고, 오른편을 대비하게 되면 왼편 병력이 적어진다. 또 어느 곳이나 모두를 대비하게 되면, 곧 어느 곳이나 모두 병력이 적게 된다. 병력이 적게 되는 것은 상대방을 따라 대비하기 때문이며, 병력이 많게 되는 것은 상대방으로 하여금 자기를 따라 대비하도록 만들기 때문이다.

故備前則後寡, 備後則前寡. 備左則右寡, 備右則左寡. 無所不備, 則無所不寡. 寡者, 備人者也, 衆者, 使人備己者也.

- 無所不備(무소불비) : 어느 곳이고 대비하지 않는 곳이 없으면, 곧 모든 곳에 대비를 하면.
- 備人(비인) : 적에 대비하는 것. 적의 계책에 따라 여러 가지로 대비하는 것.
- 使人備己(사인비기) : 적으로 하여금 자기들을 따라 대비케 하는 것. 적으로 하여금 자기네 계책에 따라 여러 곳에 병력을 분산시켜 대비케 하는 것.

* 적의 힘을 분산시켜 적을 허하게 만드는 방법을 더욱 구체적으로 논한 것이다. 적의 앞쪽을 공격하는 체하면 적의 병력은 앞쪽으로 몰리어 뒤쪽이 허해진다. 뒤쪽을 치는 체하면 반대로 뒤쪽에 대비하느라고 앞쪽의 병력은 적어진다. 왼편과 오른편도 마찬가지이다. 따

라서 적의 병력을 분산시켜 여러 곳을 대비케 하기 위하여는 사면팔방(四面八方) 어느 곳을 칠는지 모르도록 만든다. 그러면 적은 사면팔방의 여러 지점을 지키기 위하여 병력을 분산시키지 않을 수 없을 것이다. 병력이 분산된다는 것은, 병력의 약화도 되지만 통솔력의 약화도 뜻하게 된다.

그러기 위하여는 먼저 자기들은 적의 실정을 정확히 파악하는 반면, 적으로 하여금 자기네 실정을 알아보지 못하도록 하여야만 한다. 그래야만 적이 우리가 바라는 여러 곳으로 쓸데없이 병력을 분산시키게 될 것이다. 따라서 전쟁의 승패는 어느 편이 전략상의 주도권을 장악하느냐에 달려있다고 할 것이다.

13.

그러므로 전쟁할 곳을 알고 전쟁할 날짜를 안다면, 곧 천 리 길을 나가서 적과 싸울 수도 있다. 전쟁할 곳을 알지 못하고 전쟁할 날짜를 알지 못하면, 곧 왼편 군사들은 오른편 군사들을 구원할 수 없고, 오른편 군사들은 왼편 군사들을 구원할 수 없을 것이며, 앞쪽 군사들은 뒤쪽 군사들을 구원할 수 없고, 뒤쪽 군사들은 앞쪽 군사들을 구원할 수 없을 것이다. 그런데 하물며 멀리는 수천리,

가깝다 해도 수리나 되는 거리로 나가서 싸울 수가 있겠는가?

故知戰之地, 知戰之日, 則可千里而會戰. 不知戰地, 不知戰日, 則左不能救右, 右不能救左, 前不能救後, 後不能救前. 而況遠者數千里, 近者數里乎.

- 會戰(회전) : 적과 맞붙어 싸우는 것.
- 況(황) : 항차. 하물며.

* 적의 병력을 분산시키기 위하여는 적의 실정을 정확히 파악하여야 한다. 여기에서는 전쟁에 있어 첩보(諜報)의 중요성을 강조하는 것이다. 만약 적에 관하여 정확한 정보를 갖고 있다면, 우리는 아무리 먼 곳이라 하더라도 병력을 파견하여 전쟁을 감행할 수 있다. 그러나 적에 관한 정보가 없거나 불확실하다면 앞은 자리에서 싸우기조차도 곤란하다. 그것은 자기가 차지하고 있는 지역이라도 적의 동향을 알 수 없으므로 사방 여러 곳을 다 지켜야 하기 때문이다. 그러나 적의 동향을 파악하고 있으면 수천리 넓이의 땅이라 하더라도 적이 공격하여 오는 곳만을 수비하면 되기 때문에 마음대로 행동할 수 있다.

따라서 적에 관한 정보에 밝은 편에서는 몇천 리의 넓은 행동반경을 지닐 수가 있지만 적에 관한 정보를 갖고 있지 않은 편에서는 천리는커녕 몇 리의 거리도 마음대로 움직여 다닐 수 없으며, 자기가 이미 차지하고 있는 고장을 지키기에도 힘이 벅찬 것이다.

14.

우리의 입장에서 헤아려 보건대, 월(越)나라 사람들의 군사가 비록 많다 하더라도 승리에 무슨 도움이 되겠는가?

以吾度之, 越人之兵, 雖多, 亦奚益於勝哉?

- 吾(오) : 나, 우리. 「吳(오)」로 된 판본도 있는데, 이 「손자」는 본시 오나라 임금 합려(闔閭)에게 바친 것이기 때문이라 한다.
- 度(탁) : 헤아린다. 생각한다. 「작전 계획을 세운다」 또는 「사태를 검토한다」는 두 가지 뜻으로 해석할 수 있을 것이다.
- 越(월) : 나라 이름. 오나라와 월나라는 춘추시대에 원수지간이 되어 전쟁을 되풀이하였었다.
- 奚(해) : 何(하)와 통하여, 「무슨」, 「어찌」.
- 益(익) : 이익, 도움.

* 여기에서 자기의 병법을 현실적인 문제로 돌리고 있다. 지금 오(吳)나라는 월(越)나라와 원수 사이가 되어 싸우고 있다. 그리고 많

은 사람들이 월나라엔 병력이 많음을 두려워하고 있다. 그러나 이러한 병법을 따른다면, 비록 월나라 병력이 오나라에 비하여 훨씬 많다고 하더라도 조금도 두려워할 필요가 없다는 것이다. 아무리 병력이 많다 하더라도 그 병력을 적절히 통솔하여 적을 앞지르는 전략을 세우지 못하면 병력이 적은 거나 다름 없게 되기 때문이다. 제2차 세계대전 초기에 미국이 패하였던 것도 일본이 불의의 곳을, 불의의 날짜에 공격했기 때문이었다.

춘추시대 오나라와 월나라의 전쟁은 역사상 유명한 이야깃거리로 남아 있다. 처음에 월나라 임금 구천(句踐)은 오나라 임금 합려(闔閭)를 멸망시키어 월나라는 강대해지고 오나라는 형편 없는 작은 나라가 되었었다. 그러나 합려의 아들 부차(夫差)는 오자서(伍子胥) 같은 현명한 사람들의 도움으로 장작 위에 누워 자며(臥薪) 패전의 치욕을 되새긴 끝에, 편히 지내고 있는 큰 월나라를 쳐서 구천을 사로잡아 자기 아버지의 패전을 보복하였다. 부차에게 사로잡혔던 구천은 여러 가지 고생 끝에 범려(范蠡)의 도움으로 목숨만 건져가지고 월나라로 돌아왔다. 그러나 월나라는 땅을 모두 오나라에 빼앗기어 형편 없는 나라가 되었다. 구천은 돌아와 짐승의 쓸개를 핥으면서 굴욕을 되새기며(嘗膽) 보복을 계획하였다. 오나라 임금 부차는 월나라로부터 보내온 미인 서시(西施)와 함께 즐거운 나날을 보내며 정치를 등한히 하고 있었다. 이 틈에 구천은 군사들을 단련한 뒤 갑자기 오나라를 쳐서 부차를 사로잡고 오나라를 멸망시켰다. 어느 것이나 작은 나라가 큰 나라를 쳐부순 것인데, 이것은 상대방의 허를 찔렀기 때문이다.

유명한 「와신상담(臥薪嘗膽)」이란 말도 여기에서 나왔지만 「허실」이 전쟁에 미치는 영향의 본보기도 되고 있다.

15.

그러므로 「승리란 만들 수 있는 것」이라 말하는 것이다. 적의 병력이 비록 많다 하더라도 대부분을 싸움에 참여하지 않도록 할 수가 있는 것이다.

故曰, 勝可爲也. 敵雖衆, 可使無鬪.

- 可爲(가위) : 승리하도록 「만들 수가 있다」는 뜻.
- 無鬪(무투) : 대부분의 병력을 전투에 참가하지 않도록 하는 것.

* 전쟁은 병력의 많고 적음에 의하여 결판이 나는 것은 아니다. 장수의 용병 능력에 의하여 승리는 결정되는 것이다. 제갈량(諸葛亮) 같은 사람은 텅 빈 성을 가지고도 적의 대군을 막을 수 있었다. 그것은 적의 병력이 아무리 많다 하더라도 그 병력의 대부분을 싸우지

못하도록 만들었기 때문인 것이다.

「허실」의 응용은 무한한 것이다. 아무리 병력이 많다 하더라도 지략이 있는 장수 앞에는 허를 드러내지 않을 수가 없는 것이다. 지략 있는 지휘관은 적의 병력이 많고 군대의 실정이 「실」하다 하더라도 그들을 유도하여 「허」하게 만든 다음 쳐서 이긴다. 그래서 「승리는 만들 수가 있는 것」이라 말한 것이다.

16.

그러므로 적의 정세를 헤아리어 이롭고 불리한 계책을 알아내고, 적에게 조작(造作)을 가하여 적의 동정의 원리를 알아내고, 적에게 여러 가지 형태를 보여 싸워서 죽고 살 곳을 알아내며 잠간 겨루어 봄으로써 대비가 충분한 곳과 부족한 곳을 알아낸다.

故策之而知得失之計, 作之而知動靜之理, 形之而知死生之地, 角之而知有餘不足之處.

- 策之(책지) : 적을 헤아리다. 적의 정세를 헤아리다.
- 得失(득실) : 싸워서 「유리한 것과 불리한 것.」
- 作之(작지) : 적에게 조작(造作)을 가하는 것. 일부러 적을 건

드려보는 것.
- 形之(형지) : 적에게 자기네 여러 가지 진형(陣形)을 보여주는 것.
- 死生地之(사생지지) : 적과 싸우면 반드시 패하고, 도망칠 곳도 없는 사지(死地)와 싸우면 이기고, 또 후퇴할 곳도 있는 생지(生地).
- 角之(각지) : 적과 맞붙어 싸움으로써 힘을 겨루어보는 것.

* 적에 관한 정확한 정보를 정리하는 방법이다. 적에 관한 정보가 정확하여야만 유리한 전략을 세워 적을 패배시킬 수가 있다.

첫째는, 첩자들이나 기타 방법을 통해 얻은 정보에 의하여 전쟁을 어떻게 하는 것이 유리한가를 결정해야 한다.

둘째는, 적을 자극시킴으로써 적이 어떻게 움직이는가, 곧 적의 기동력이나 통솔력은 어떠한가를 판단하여야 한다.

셋째는, 우리의 군형을 보여주어 적의 반응을 살핌으로써 어떤 곳으로 적을 유인하여 결전을 벌일 것인가, 또는 절대로 가까이 가서는 안될 곳은 어디인가를 결정해야 한다.

넷째로는, 직접 싸움을 걸어 보아 적이 어떻게 수비를 하고 있으며, 어느 곳을 중점적으로 수비하고 있는가를 알아야 한다. 이것은 전투수색(戰鬪搜索)의 방법이다.

이러한 여러 가지 정보에 의한 전략이 서야만 적의 「허실」을 마음대로 좌우하면서 전쟁을 승리로 이끌 수가 있는 것이다.

17.

그러므로 군대 진형(陣形)의 극치(極致)는 「무형(無形)」에 이르는 것이다. 「무형」이 되면 깊이 파고든 간첩(間諜)도 실정을 들여다볼 수 없고, 지혜 있는 사람이라도 계책을 세울 수가 없게 된다.

故形兵之極, 至於無形. 無形, 則深間不能窺, 智者不能謀.

- 形兵(형병) : 군대의 진형(陣形)을 갖추는 것.
- 深間(심간) : 깊이 파고 들어와 있는 간첩.
- 窺(규) : 내용을 들여다보고 알아내는 것.
- 謀(모) : 이들을 패배시킬 계책을 세우는 것.

* 여기서도 손자는 용병의 극치는 「무형(無形)」에 있음을 강조하고 있다. 무형이란 형태가 없다는 뜻이 아니라 군대의 진형이 수시로 변하며 겉모양과 실정이 완전히 달라서 아무도 그 내용을 종잡을 수 없음을 뜻한다.

이러한 용병의 극치인 「무형」은 노자(老子)의 「도(道)」와 통한다.

「도(道)라 하더라도 인지(認知)할 수 있는 도는 진실한 도가 아니다.」

고 한「도덕경(道德經)」첫머리의 말과 통하는 것이다.

병법에 도통(道通)하여 용병이「무형」의 경지에 이르면 아무리 간첩이 깊숙히 들어와 살펴보아도 도대체 어떻게 된 영문인지 알 수가 없다. 간첩이 보고서 알 수 있는 진형(陣形)이라면, 그것을「무형」이라 할 수는 없는 것이다. 아무리 지혜 많은 모사(謀士)라 하더라도 이처럼「무형」의 진형을 앞에 놓고서 이를 부수는 작전 계획은 도저히 세울 수가 없을 것임은 말할 나위도 없다.「무형」이란 상대방 편에서 볼 적에는「허실」을 초월한 것이어서 손을 댈 수도 없다. 간혹 어리석은 자들이 판단을 잘못하여 싸움을 걸지만 그 결과는 멸망을 얻을 따름이다.

18.

군형(軍形)을 근거로 하여 군사들에게 승리를 거두도록 조치(措置)하지만 군사들은 그 이유를 알지 못한다. 사람들은 모두 우리가 이기는 원인이 되었던 군형은 알지만, 우리가 승리를 거두도록 변화한 군형의 내용은 알지 못한다.

因形而措勝於衆, 衆不能知. 人皆知我所以勝之形, 而莫知吾所以制勝之形.

- 措勝(조승) : 승리를 거두도록 조치하는 것.
- 衆(중) : 휘하의 여러 군사들.
- 所以勝之形(소이승지형) : 승리를 거둔 때의 군형. 승리의 원인이 된 군형.
- 所以制勝之形(소이제승지형) : 승리를 거두는 원인이 되었던 군형, 곧 승리를 거두기 위하여 적의 허실을 따라 여러 가지로 변화했던 군형과 변화했던 까닭.

* 지모 있는 장수가 승리를 거두기 위하여 적의 「허」와 「실」을 따라 군사들을 여러 가지로 움직이며 「무형」의 군형을 형성하지만 군사들은 자기들이 움직이는 까닭을 알지 못한다. 훈련된 간첩이 들어와 보아도 알지 못하는 게 「무형」의 군형이라면 군사들이 알 수 없다는 것은 설명할 필요도 없다. 군사들은 명령에 따라 기계처럼 움직이기만 하면 승리는 이루어진다.

사람들은 이러한 명장들이 어느 싸움에서 무슨 진을 쳤었다고 흔히들 얘기한다. 그러나 그 진형이 승리를 거두기 위하여 적의 「허실」에 따라 어떻게 변화하여 온 것이며, 왜 그렇게 변화하였던가를 아는 사람은 하나도 없다. 본시 그것은 「무형」이었기 때문에 알 수가 없는 것이다. 최후의 승리를 거두는 결전 때의 배열만은 변화가 끝난 것이므로 뒷사람들이 아는 경우가 많다. 그러나 그전의 변화를 알지 못한다면 누구나 그런 군형으로 승리를 거둘 수 있는 것은 아니다.

19.

그러므로 그 전쟁에 이긴 계책은 되풀이하여 쓰지 않으며, 적의 군형에 대응하는 방법이 무궁한 것이다.

故其戰勝不復, 而應形於無窮.

- 不復(불복) : 한번 전승에 사용한 진형이나 계책을 되풀이하여 쓰지 않는 것
- 應形(응형) : 적의 군형에 대응하여 변화하는 것.

* 용병을 잘하는 사람은 똑같은 전법을 두 번 다시 쓰지 않는다. 용병이 「무형」의 경지에 이르면, 그 한 가지 방법 말고도 승리를 거둘 수 있는 방법은 무한히 있기 때문이다.

1894년 일본이 청일전쟁(淸日戰爭)때 쓴 압록강(鴨綠江) 도하작전(渡河作戰)은 10년 뒤 노일전쟁(露日戰爭) 때 쓴 작전과 도하 지점·도하 시간·도하 방법·통행로 등이 모두 비슷했다 한다. 만약 러시아 지휘관이 손자의 병법을 알고 청일전쟁사를 읽었었더라면 일본군을 유리한 위치에서 격멸시킬 수 있었을 것이다. 그리고 그 도하 작전이 성공은 했다 하더라도 일본 지휘관은 그렇게 현명했다고는 할 수 없을 것이다.

20.

군대의 진형은 물과 같아야 한다. 물의 형태는 높은 곳을 피하여 낮은 곳으로 나아가는데, 군대의 형태는 실(實)을 피하여 허(虛)를 치는 것이다. 물은 땅으로 말미암아 흐름이 제어되고 군대는 적으로 말미암아 승리를 제어하는 것이다.

夫兵形象水. 水之形, 避高而趣下, 兵之形, 避實而擊虛. 水因地而制流, 兵因敵而制勝.

- 象水(상수) : 물의 모양을 본뜨다, 象은 像(상)과 통함.
- 趣(취) : 나아가다. 향하다.

* 군형이 물과 같다는 것은 「무형」의 극치를 비유한 것이다. 물이 지형의 높고 낮음을 따라 자유자재로 움직이고 변화하듯이 군형도 적의 허실을 따라 물처럼 자유자재로 움직여야 한다는 것이다. 물에는 일정한 형태가 없다. 물이 흐르거나 괴어 있는 지형에 따라 그 모양은 다르다. 군형도 물처럼 적의 「허」와 「실」에 따라 언제나 그 형태가 결정되므로, 군형의 극치는 「무형」이라 한 것이다.

군형을 물에다 비유한 데에는 노자(老子)의 영향도 있는듯하다.

「천하에 물보다 약한 것은 없지만 견고하고 강한 것을 공격함에 있어서는 아무것도 이보다 나은 것은 없으니, 그것을 가벼이 여길 수 있는 것은 없다.」

「가장 훌륭한 선(善)은 물과 같다. 물의 착함은 만물을 이롭게 하면서도 다투지 아니하고, 여러 사람들이 싫어하는 낮은 곳에 처하니 거의 도(道)에 가깝다고 할 수 있다.」

이처럼 노자는 물의 「무형」하고 유약하면서도 모든 것을 이겨내는 성질과 만물을 이롭게 하면서도 낮은 곳에만 처하려는 성격을 높히 평가하고 있다. 이러한 노자의 철학을 병법에 적용하면 「무형」의 병법이 되는 것이다. 「무형」의 군형은 어지럽고 약한 듯하지만 물처럼 언제나 적의 「허실」의 변화에 따라 완전무결하게 대응하는 것이어서 이 편은 아무런 손상도 입지 않고 적을 격멸시킬 수 있다. 겉으로 유약해 보이는 게 실은 강한 것이다.

노자는 또 말했다.

「사람이 살아 있을 적에는 유약하지만, 죽고 나면 굳고 강하게 된다. 초목도 살아 있을 적에는 유약하지만, 죽고 나면 말라서 딱딱해진다. 그러므로 굳고 강한 것은 죽음에 속하는 무리이고, 유약한 것은 삶에 속하는 무리이다.」

「무형」의 군형도 보기에는 부드럽고 약해 보이는 것이다.

21.

그러므로 군대에는 일정한 형세(形勢)가 없고, 물은 일정한 형상이 없는 것이다. 적을 따라서 변화함으로써 승리를 거두게 되는 것인데, 그것을 일컬어 신묘함이라 하는 것이다.

故兵無常勢, 水無常形. 能因敵變化而取勝, 謂之神.

- 常勢(상세) : 일정하게 변화하지 않는 형세.
- 神(신) : 신묘(神妙) · 신수(神隨) · 귀신 같은 것.

* 앞에서도 말한 것처럼, 군형은 물이 지형에 따라 변화하듯 적군의 「허실」을 따라 변화하여야 한다. 이것을 「무형」의 군형이라 하며, 「무형」의 군형을 써서 승리를 거두는 것을 「신묘함」이라 한다는 것이다.

「육도(六韜)」에서도,

「장수가 말에도 나타나지 않는 기미(機微)로써 지키는 것은 신묘함이다.」(軍勢)

「옛날의 전쟁을 잘하던 사람들은… 그들의 성공과 패배를 모두 신묘한 형세로써 결정짓는다.」(奇兵)

하였다. 여기에서 말하는 「신(神)」도 사람의 말이나 표현으로서는 도저히 설명할 수도 없는 용병의 극치를 뜻하고 있다. 「말에도 나타나지 않는 기미로써 지킨다」는 것은, 보통 군사들로서는 도저히 짐작조차도 할 수 없는 적의 허실에 따라 진형(陣形)의 변화로써 수비함을 뜻한다. 뒤의 「신 같은 형세(神勢)」란, 군대의 「무형의 형세」또는 「물처럼 변화하는 형세」를 뜻하는 것이다.

22.

그러므로 오행(五行)에는 언제나 이기는 게 없고 사철(四時)에는 일정한 자리에 있는 게 없다. 해에는 길고 짧은 게 있고, 달에는 기울고 차는 게 있다.

故五行無常勝, 四時無常位. 日有短長, 月有死生.

- 五行(오행) : 쇠(金)·나무(木)·물(水)·불(火)·흙(土)의 다섯 가지. 이「오행설(五行說)」은 역학(易學)으로부터 파생된 것이나 옛날 중국에선 여러 가지 학문에도 응용되었다. 금은 목에 이기고, 목은 토에 이기고, 토는 수에 이기며, 수는 화에 이기고, 화는 금에 이기고, 반대로 이들은 서로 낳기도 한다. 만물은「오행」의 이러한 상극상생(相剋相生)에 의하여 변화 생성된다.

- 四時(사시) : 봄·여름·가을·겨울의 사철.
- 死生(사생) : 달이 기울어져 가다 다시 커나가는 것을 가리킴.

  * 이 세상 모든 것은 변화한다. 오행도 상극상생(相剋相生)하며 사철도 순환한다. 해는 짧아졌다 길어졌다 하고 달도 기울었다가는 차고 찼다가는 기운다.

  이처럼 군형도 일정한 형태 없이 변화를 일으키는 게 자연의 조화와 부합되는 것이다. 군형이 자연의 조화와 부합된다는 것은, 용병이「신(神)」의 경지에 이름을 뜻한다.

명문동양문고 ㉟

손자 孫子 [上]

초판 인쇄　2025년 5월 23일
초판 발행　2025년 5월 30일

역저자　김학주
발행자　김동구
디자인　이명숙 · 양철민
발행처　명문당(1923. 10. 1 창립)
주　소　서울시 종로구 윤보선길 61(안국동)
　　　　국민은행 006-01-0483-171
전　화　02)733-3039, 734-4798, 733-4748(영)
팩　스　02)734-9209
Homepage　www.myungmundang.net
E-mail　mmdbook1@hanmail.net
등　록　1977. 11. 19. 제1~148호

ISBN 979-11-94314-27-1 (03150)

10,000원

* 낙장 및 파본은 교환해 드립니다.
* 불허복제
* 저자와의 협약에 의하여 인지 생략함.